MUJERES EMPRENDEDORAS EXITOSAS LATINAS

Antología de sueños alcanzados

MUJERES EMPRENDEDORAS EXITOSAS LATINAS

MUJERES EMPRENDEDORAS EXITOSAS LATINAS

Diseño y Publicación Digital:

ImagiLab USA / Alexander Vivas
theimagilab@gmail.com
+1 702 5595156
Estados Unidos de América

Agradecimientos

Agradecemos a Dios que ha dirigido este proyecto con su orden y tiempo divino donde nos ha favorecido a todas las coautoras con la capacidad de ver nuestra historia con amor y humildad sabiendo que es el con su gracia y misericordia quien nos acompaña en este caminar.

Agradecemos a la editorial Imagilab por su amor y entrega a su compromiso de servir a la comunidad latina.

Agradecemos a cada una de las coautoras que hacen con su historia una posibilidad de éxito para cada lectora que sabemos que con las estrategias plasmadas aquí la vida será más fácil.

Agradecemos a nuestras familias que están entrelazadas en estas historias de éxito y que sabemos que sin su apoyo nada sería lo mismo, todos los involucrados tienen su aporte valioso para el crecimiento tanto personal como ahora grupal.

Agradecemos a los lectores porque sabemos que esta obra literaria será una herramienta clave para su transformación.

Agradecemos a la idea de la fundadora Patricia Hernández Carrillo de este movimiento de Mujeres Emprendedoras y Exitosas Latinas Que con su aportación está logrando que seamos un círculo de apoyo para otras mujeres.

Índice

Club MEEL

Tomo I

Palabras de la fundadora

Patricia Hernández Carrillo

Lo primero que quiero es contarles cómo surgió mi deseo de crear un grupo de mujeres. En el 2015 cuando estaba en mi proceso de crecimiento personal estaba estudiando PNL, ya había terminado de entrenadora personal en facilitación de procesos de Cambio en la ESPNL de Edmundo Velazco y quería diseñar un proyecto que pudiera ofrecer como Entrenadora de vida, Me animé a hacer un primer grupo de mujeres que les mostrara lo que era mi proyecto de 21 días, que pueden encontrar en el libro "Eres importante" ese proyecto de 21 días en el que guío a una persona a través de una transformación integral, cuando Yo lo hago individualmente hace una magia muy particular porque obviamente nos metemos en cada uno de los bloqueos específicos que tiene la persona, después de un año de aplicarlo individualmente, decidí hacerlo en grupo en un grupo de unas chicas que estaban participando en un multinivel, era un grupo de mujeres que estaban haciendo algo en común, que querían conocerse a sí mismas, sacar la mejor versión de sí mismas para compartirla con las demás integrantes del grupo.

Esos 21 días que estuve participando con ellas en los que las orienté para ser y formular un buen equipo, me llevaron a ver que una de mis misiones de vida era acercar a las mujeres al trabajo en equipo, tengo que decir que no es tan fácil como parece, las mujeres muchas veces no medimos que somos parte de un todo y que necesitamos más personas a nuestro alrededor para florecer, muchas veces nos consideramos que podemos solas y nos duele cuando entramos en ese proceso de pensar que solas podemos pues pasa mucho tiempo en que no vamos a tener resultados porque tenemos ese bloqueo de que solas podemos, "nadie puede solo", entonces comencé a descubrir valores que quería agregar, como la coherencia, el conocimiento, la creatividad que podemos tener en las cosas, la integridad, proactividad, la objetividad, el enfoque en lo importante, el coraje que prácticamente es la audacia de mantenerse enfocado, el orgullo que nos hace probablemente luchar por lo que amamos, la acción para obtener resultados, la productividad que se genera al estar en acción repetitivamente, la justicia que es inclinarse por los valores, la independencia de ser libre pero a la vez ser libre en compañía, tener apalancamiento como integrante de equipo.

Quiero decirles que la tierra no se movió sola, los que estamos aquí tenemos que entender que no estamos solos, que hay una infinidad de biodiversidad de seres humanos en la que podemos combinarnos para tener un despertar colectivo, entonces si quieres tener una mejor conciencia, tienes que basarte tanto en tus necesidades, como en las necesidades de los demás y obviamente ahí está la unión, la compasión, la fraternidad, la esperanza, la solidaridad.

Se hacen valores como la pronoia, proactividad, amor incondicional y habla de amor sobre todo lenguaje y obviamente cuando lo haces por los demás se mueve lo mismo por ti, tus acciones dependiendo como estas generando día a día esa magia pasa por ti y por los demás te sacará de ciertas áreas afectadas que tenemos en nuestro ser y esas son en las que nos estamos enfocando en este momento que, obviamente, cuando reconocemos esas áreas afectadas, podemos asegurarnos de que nuestra energía se mueva hacia lo positivo. y ese niño o sobre todo en este libro esa niña herida que está hecha pedazos puede volver a fragmentarse para volverse uno, tanto para sí misma como para los que la rodean y Bueno, obviamente eso obviamente se genera por estar aquí y ahora, tenemos que aprender a ser aquí y ahora.

Este libro es una invitación para que generes acciones positivas y que en esas acciones positivas te lleve a la congruencia, cuando hablamos de congruencia quiero invitarte, lector, a trabajar más adentro que afuera, el peor error lo cometemos. nosotros los seres humanos es volvernos a ver a los demás, es estar quejándonos, es estar haciendo molestias, problemas, juicios, situaciones, envidias, celos de las cosas que nos pasan afuera que a nuestra manera de ver no son lo que son. debe ser, porque nos merecemos lo mejor porque yo soy más importante que todos ellos y por tantas cosas y bloqueos que nos ponemos para impedirnos relacionarnos con otras personas, especialmente con las mujeres, quiero decirles que hay una energía negativa que quiere impedir lo que les estoy diciendo, llega a sus manos porque tiene miedo de que nosotras como mujeres reconozcamos que juntas podemos hacer grandes cosas, porque tiene miedo, porque el día que nosotras o solo como mujeres pero como seres humanos nos unimos podremos salir de demasiadas cadenas que nosotros mismos hemos puesto a través de nuestras tradiciones, culturas, creencias y todo lo que nos ha llevado a ser prácticamente lo que no queremos.

Así que este libro es una invitación a la acción positiva que tengo que decir que hoy el mundo nos ocupa positivos, tú tienes que ser una mujer positiva, debes de formar una energía que te proteja, debes de hacer que esa energía se irradie desde tu interior y emane hacia el exterior, ojo esa energía viene de una fuente, somos manantiales de amor y esa fuente es el poder superior al que honro, reconozco y le pido todos los días que sea él hablando, escribiendo todo lo que él requiere que nosotras sepamos para podernos llevarnos mejor.

Mujeres emprendedoras y exitosas latinas fue diseñada con la intención de mantenernos en esa energía positiva, de mantenernos felices, agradecidas, generando esperanzas y para ello podemos anclarnos a diferentes leyes universales como lo es la ley de la siembra y la cosecha, la ley de la correspondencia, la ley de la reciprocidad, la ley del espejo, hay tantas leyes que solo basta y sobra que vayas a buscarlas para que te des cuenta de que aunque no las conozcas se están ejecutando y si no las conoces le estas dando posibilidad al azar de hacer cosas que francamente no te convienen.

Tienes que saber que nosotros nos regimos por leyes universales y que gracias a ellas podemos generar demasiadas cosas positivas así que tenemos que aprender de ellas para poder mostrarlas a los demás, en cuanto a esas leyes nosotros no podemos cambiar los sucesos que nos pasan y quiero decirte que cualquier suceso que nos está pasando actualmente son reacomodos, reacomodos para generar felicidad, paz, amor, armonía a nuestro alrededor, así es que tengo que pedir perdón a la tierra, a la energía que he mal empleado y a mí misma por haber utilizado esas valiosas herramientas en mi contra.

Oro porque todo reacomodo que suceda en mi vida sea de la mejor manera, decidí en 2015 armar este grupo de mujeres emprendedoras y exitosas latinas gracias a esta elección de ser una constructora de amor, de generar tanto para mí misma, como para las mujeres que estuvieran a mi alrededor una serie de información, herramientas y colaboración necesarias para poder hacer de mi mundo un mundo mejor, tengo una niña, una niña que actualmente en finales de 2021 tiene 9 años próximo a 10 y quiero que esa niña tenga a su alrededor personas de las cuales poder aprender a través de su curiosidad que no le enseñen sino que ella sea curiosa y ella quiera aprender de las personas que están a mi alrededor y es por eso que para mí se me hizo una misión de dejarle a mi hija un colectivo mejor, cuando te hablo de colectivos te voy a sugerir que estés enlazada que es con uno de nuestros grandes libros que se llama "Los hombres también merecen" en donde vamos a hablar más a profundidad sobre lo que es las energías colectivas, mientras tanto yo te tengo que decir que gracias a ese libre albedrio que te ha otorgado el poder superior puedes elegir entre ser constructora de tu éxito o destruirte a ti misma a través de todas esas afectaciones que están actualmente formuladas por tu mente.

Tenemos que aprender a liberarnos de todo bloqueo que nos esté impidiendo que en este momento nosotros queramos tomar acción en nuestra vida y detrás de todos esos desastres que actualmente tienes en tu vida está una mujer que está en pedazos y que no sabe reconstruirse sola y que por consiguiente yo como entrenadora integral quiero guiarte a través de este libro para que aprendas a unir esos pedazos y sobre todo ser empática con otras mujeres que están de la misma manera que tú, para que juntas podamos sacar de esos infiernos a esas mujeres que en algún momento fuimos nosotras mismas, nuestras historias de vida.

En las historias que tú vas a poder leer en este libro más adelante te vas a dar cuenta de que aquellas mujeres que hoy en día las ves exitosas, felices, plenas, pues prácticamente también tuvieron tantos desastres en sus vida, tantas crisis que también quisieron quebrarse, también quisieron quitarse la vida, también decidieron no avanzar y también lloraron bastante por situaciones externas que no estaban bajo su control, sin embargo se aferraron a su vida, a su estimación y lograron ser lo que hoy en día gracias a su entendimiento, su fuerza y su perseverancia son, la creación de un futuro mejor viene a través de cambiar la mentalidad actual.

El aquí y él ahora es una parte base, es una parte importantísima para que tú puedas lograr todo lo que tú te propongas, así es que si en este momento tú en la actualidad estás con esa mente caótica pensando que no mereces, que no sirves, que no vales, golpeada, lastimada, humillada, injustamente traicionada, necesitas salir de ahí y para ello este libro te va a dar herramientas, consejos que te van a guiar, todas las mujeres que tú vas a leer en este libro, son mujeres que han salido de sus crisis y que tal vez ahora tienen otras crisis pero las anteriores generaron ciertas herramientas que ponen a tu alcance para que tú tomes lo bueno y desarrolles para ti ése valor de tu ser.

Prácticamente los estamos invitando a crear un mundo mejor desde la perspectiva actual de su realidad, obviamente compartiendo con ustedes el amor incondicional de nuestras historias de vida donde hemos tenido luz, donde hemos tenido paz, donde hemos tenido armonía, donde hemos logrado aprender a brillar a ser positivas y sobre todo a valorar nuestro ser.

Existe la solidaridad humana y para nosotras las mujeres de hermandad nos hará tener un lente diferente de lo que es nuestra vida y por ende nos llevará a tener más amor y por encima todo más lealtad a la persona más importante en tu vida que eres tú mismo/a, la lealtad es una devoción de los seres humanos que es prácticamente un principio básico que consiste en nunca dar la espalda a determinada persona o grupo social que estén unidos por algún lazo de amistad o por alguna relación social, es decir, genera el cumplimiento del honor y la gratitud hacia ese grupo y obviamente esto para las mujeres nos va a llevar a lo que sea.

Cuando hablamos de grupos de mujeres hemos visto que hay tantos dichos que entre mujeres juntas ni difuntas, entre que no te juntes con mujeres porque te van a traicionar, hazlo sola, entonces eso simplemente ha hecho separaciones que nos han impedido mostrar realmente lo que somos, en un capítulo de la biblia dice Jesús: dad al cesar lo que es del cesar y a Dios lo que es de Dios, obviamente el mismo definió ese límite de autoridad al hombre, sin embargo, la lealtad al hombre entra en conflicto cuando tu lealtad va unida a tu poder superior y obviamente tienes que tener prioridades y ahí es donde las mujeres decidimos tener lealtad hacia nosotras mismas y nos separamos de ciertos grupos que creemos que no encajan con nosotros, pero ahí, hay que tener cuidado de lo que estamos haciendo desde la parte esencial a nuestro ego, porque nuestro ego muchas veces nos va a separar, con el ego te preguntas, se peina el pelo mejor que yo, yo soy mejor, ella se cree mucho, ni me acerco porque no está a mi altura, es que ella tiene dinero, empezamos a hacer juicios que nos llevan a separarnos.

Prácticamente te invito a través de este libro que descubras tus prioridades, no hay lealtades duales, nadie puede servir a dos amos en eso estamos de acuerdo, pero lo que lo primero a Dios por medio de servirte a ti, a tu esencia, te incito a reconocer que tú eres una chispa divina que prácticamente si te fijas todos los seres humanos que están a nuestro alrededor también son esa chispa divina y entonces ¿porque la competencia?, entonces ¿porque todos los conflictos? si al final estamos hechos de lo mismo y solo hemos llegado a este plano a disfrutar, vivir, sonreír, amar, estar en armonía algo que muchas veces nos cuesta trabajo sentirlo pero aquí tendrás ejemplos de vidas maravillosas que nos muestran que si es posible.

La lealtad prácticamente debe ser a la causa, el objetivo en el cual está haciendo una invitación en unirte con ése grupo de mujeres, si tú en día tienes un equipo de personas de mujeres que estén haciendo algo en particular juntas, tienes que tener lealtad por ellas, debes de hacer que juntas logren llegar a su máxima exponencialidad.

Creo que si tu influyes para que del infierno salga a una mujer tienes créditos en tu caminar positivo, si con tu ejemplo la llevas a ser feliz, habrás logrado una vida que valió la pena, entonces imagínate desarrollar la posibilidad de ser objetiva y darle a cada una de las mujeres de tu alrededor felicidad, paz, gozo, alegría, siendo tú misma, obviamente esa felicidad, esa paz, ese gozo, esa armonía, la tienes que ser tú, debes de irradiarla tú, para que entonces encuentres espejos a tu alrededor de lo mismo, y seas un buen espejo para las demás, no puedes dejar de ser tu misma, tienes que reconocer ¿quién tú quieres ser? La invitación principal es en reconocer tu propio ser

Ser tu misma, es algo que nosotros sentimos desde el interior y que viene desde esa fuente que hemos hablado la divina, la fuente se posesiona en ti y emana para las personas que estén a tu alrededor, así que esa pasión, esa entrega, ese servicio que tú estás haciendo por los demás te va a dar frutos y te va a dar unos muy buenos resultados, pero tienes que centrarte en ser tu misma, tienes que buscar que esos ideales compaginen con las mujeres que estén a tu alrededor para que al focalizarte en hacer crecer eso que las une y que obviamente sea parte de su historia y sea parte de su legado demuestre que ser feliz no es tan difícil y compartido con alguien más estas aportando para que esa persona también encuentre su felicidad y entonces siendo felices ambas por su cuenta se enfocaran a hacer crecer esa felicidad desarrollando alianzas estratégicas que generen legados más grandes.

Ser una conciencia colectiva no es fácil pero tenemos que hacerlo debemos de generar que juntos pensemos o que tengamos ideales muy similares porque eso es lo que es el principal legado que tenemos que dejar, reconocer que nosotros somos importantes y que nosotros podemos guiarnos desde la máxima exponencialidad, tu vibración alta, cómo puedes conseguir tu vibración alta, con gratitud, generar un sentimiento de estima y de reconocimiento personal que te lleve a que todos los demás a tu alrededor se sientan bien por el hecho de que tu estés en su vida y que obviamente tú te sientes bien por el hecho de pertenecer a ese grupo tan maravilloso en el cual tú has decidido estar.

Mujeres Emprendedoras y Exitosas latinas tiene un grupo que actualmente tiene más de 3.600 mujeres en Facebook y estamos laborando principalmente en Las Vegas Nevada en donde tenemos el deseo de hacer células en diferentes lugares del mundo y que para hacer ese tipo de células te necesitamos a ti, por eso nos interesa tu bienestar porque te necesitamos fuerte, te necesitamos libre, te necesitamos armoniosa y te necesitamos agradecida sobre todo de tu propia vida, la gratitud puede transformar días comunes en días de acción de gracias diarios, puedes generar más bendiciones de las que actualmente tienes si te enfocas en el amor y la creación de éxito.

Si vas a agradeciendo con todo el mundo vendrán más cosas que puedas agradecer y te va a llevar todo eso a generar tu propio legado, el que tú esperes que las cosas de tu alrededor cambien a través del cambio interno que tú hagas te va a generar esa gran armonía que tú esperas no olvides agradecer a todo el mundo sobre la aportación que hacen para tu vida porque eso expresa la humildad y la gloria de entender que somos parte de ese todo, prácticamente la gratitud es una forma de honrar, de dar sentido a nuestro camino, de traer paz, la gratitud no pide que nosotros estemos con culpabilidades, con resentimientos, con rencores, con rabias, al contrario la gratitud te lleva a amar y a respetar a las personas a tu alrededor y sobre todo fluir con tu entorno con la responsabilidad total de las acciones que tú tienes.

Nuestra misión como Mujeres Emprendedoras y Exitosas Latinas es ser un círculo de apoyo que nos guíe a elevar nuestra frecuencia vital y a mantenernos en positivo, es un grupo en donde hacemos eventos de desarrollo personal en donde hacemos células de personas que deciden compartir consigo mismas e impulsarse a pensar positivo a tener esos elementos principales que le generen suavidad y a la vez firmeza en cuanto a lo que estás viviendo teniendo esta inspiración para romper cualquier paradigma cualquier bloqueo que prácticamente hoy las esté llevando a no ser felices y eso hace que se amplíe nuestra zona cómoda forzándonos salir de lo que hoy día no nos hace feliz.

Es importante romper los bloqueos que nos está impidiendo que nosotros tengamos nuevos aprendizajes y por consiguiente cuando hemos roto nuestros bloqueos podemos autoanalizarnos para calmar nuestra mente y por consiguiente enfrentar lo que tengamos que enfrentar con un foco de atención hacia lo positivo, disolviendo pensamientos negativos, calmando todo nuestro ser y sobre todo eso generando una historia ganadora.

Es importante que tú, recuerdes tu historia a través de palabras ganadoras, construyendo esa misma historia con una nueva energía, con esa energía sabia, abrazando nuestra obscuridad, abrazar nuestra luz, hacer de nuestro ser un ser completo y equilibrado en balance que nos haga mantenernos en calma mientras estén nuestras tormentas emocionales para que nos relaje y nos lleve con pie de plomo a lograr lo que verdaderamente queremos para nuestra vida, el ser feliz aquí y ahora, así que según la intensidad que tú estes viviendo actualmente es la que te va a llevar a tener esa felicidad, paz, gozo en el presente.

Para ello debes de hacer una introspección debes de medir cómo estás actualmente y qué son los cambios que tú quieres hacer, así que gracias a las historias de otras chicas que han podido salir de sus crisis, a ti te va a dar las herramientas para hacer ese verdadero análisis de cómo es que estas viviendo la vida actualmente y sobre todo cómo es que quieres seguir viviéndola.

Si tú quieres sanar, trabaja tú misma para generar un equilibrio en tu interior, escucha los consejos que estas maravillosas mujeres han decidido dar para ti para poderte guiar y poder influir en tu historia para llevarte a otro nivel, simplemente a otro nivel, así que la oportunidad es aquí y es ahora y a través de estas historias que tienes son las que prácticamente te pueden hacer impulsar, catapultar a ser feliz aquí y ahora.

Así que, ¿qué es lo que tú harías, hoy, si no tuvieras miedo?, nosotras queremos impulsarte con entusiasmo a que veas más allá de lo consciente y te inspires y transformes tú ser y aumenten tus deseos de éxito, generando sensaciones nuevas listas para poder compartir, así que si este libro te encanta también te invito a que también lo puedas compartir con otras mujeres que estén a tu alrededor y ¿por qué no ser parte de nosotros?

Nuestro club MEEL es "Mujeres Emprendedoras y Exitosas Latinas" impulsando a otras "Mujeres Emprendedoras y Exitosas Latinas", te voy a dejar con los capítulos de estas mujeres de éxito que han decidido compartir contigo unos sabios consejos que te van a llevar a sacar la mejor versión de ti, recuérdalo te invitamos a que saques la mejor versión de ti, recuérdalo "Tú eres importante".

Patricia Hernández Carrillo

Fan Page: ***Pat HC Mentora para salir de la crisis al éxito***

Mas Información del Club

www.pathcmentora.com

Correo: ***patyhc82mentoria@gmail.com***

+1 702-826-8594 USA

+52 662-403-2164 Mex

Beatriz Gutiérrez

LO BUENO, LO MALO, ¡LO MEJOR!

Yo era una niña normal de 13 años, con una rutina común a una jovencita de mi edad. Clases en la secundaria, tareas por entregar, proyectos escolares que concretar, reuniones con mis mejores amigas, llamadas interminables con ellas, soñar despierta, lectura de libros que me inspiraran y saciaran mi curiosidad o simplemente algo divertido, jugar, y por supuesto… como cualquier adolescente, mostrar mi oposición y crear mi propio criterio acerca del mundo. Y las personas con las que podía ejercitar está habilidad era con mis padres o cualquier adulto de autoridad.

Soñaba con los ojos abiertos y un corazón que se emocionaba con cada imagen que formaba en mi mente. Me veía a mí misma como un bailarina famosa y emprendedora, con un negocio que aún no sabía de qué se trataría. Pero tan sólo de verme como una emprendedora me entusiasmaba. Otras veces, soñaba con ser una YouTuber y dar la vuelta al mundo para mostrar a las personas la cultura, costumbres e ideas de otros lugares. Otras veces, quería convertirme en una cantante famosa, aunque no tuviera la habilidad siquiera para cantar Happy Birthday.

En fin, las opciones acerca de lo que quería ser cuando crezca eran infinitas. Podía sentir el resplandor de la vida en cada paso que daba, en cada posibilidad que imaginaba.

Entre los libros que me recomendaban leer, los Facebook Lives que veía con mi mamá, o videos de YouTube que veía con mi papá, las conversaciones con mi tío y amigos de la familia facilitaron en mí una idea que asaltó mi mente: ¿Cuál es el propósito de estar vivos? ¿Es nuestra vida algo predeterminado: ¿naces, creces, te reproduces, mueres y se acabó todo? ¿Sólo para eso hemos nacido? Me dediqué a resolver esta inquietud con adultos significativos, y fue desilusionante porque no encontré una respuesta que me satisficiera.

Sin saberlo, la vida estaba a punto de ponerme en una encrucijada, donde los límites de la vida son llevados al extremo y las preguntas se vuelven más profundas y complejas para responder.

El 5 de septiembre del 2021, mi abuelita estaba de visita en la ciudad, mi papá estaba descansado de su trabajo, era un fin de semana largo pues se observaba el día del trabajo en E.U. Mi papá deseaba que mi abuelita conociera otros lugares cercanos, así que se planeó que fuéramos a comer a Pahrump, un pequeño pueblo cercano a Las Vegas. Era un día soleado, poco tráfico, un día perfecto para disfrutar y hacer un viaje express en familia.

Quince minutos antes de llegar a nuestro destino, nuestra camioneta sale arrastrada en segundos del asfalto de manera inexplicable y comienza a dar vueltas. Una vez que la camioneta se estabiliza y queda parada de nuevo en dirección opuesta a la que íbamos, mamá y papá salen rápidamente a auxiliar a los demás y saber el estado de todos.

Mi abuelita y yo aparecimos tiradas en la tierra, en lugares totalmente opuestos. Afortunadamente varios conductores se pararon para ayudarnos en aquella catástrofe donde ninguno de nuestra familia sabía cómo sucedió el accidente. Yo yacía en el suelo inconsciente, con dificultades para respirar y vomitando sangre. Mi mamá llamaba al 911 y mi papá tomó en sus brazos a Giovanna, mi hermana de 5 años, y caminó a la carretera para pedir ayuda a los otros conductores para que los llevaran al hospital más cercano. Porque en esos momentos de crisis y emergencia, es cuando parece que las ambulancias tardan una eternidad en llegar.

Después de varios minutos que parecieron horas, llegaron varias ambulancias y policías. Tristemente, Giovanna no resistió las heridas y entregó su último aliento en brazos de mi papá. El resto de nosotros, fuimos trasladados al hospital por separado, con miles de preguntas, con dolores y heridas físicas, pero, sobre todo, un profundo dolor en el alma.

Mi estado de salud era sumamente crítico, que tuvieron que transportarme en helicóptero a la unidad de traumatología de Terapia Intensiva Pediátrica en Las Vegas. Mi cerebro estaba seriamente lesionado. Me colocaron un dispositivo en mi cabeza para monitorear la presión cerebral. Mi fémur izquierdo sufrió una fractura y mi diafragma izquierdo estaba perforado. Mi estómago iba subiendo poco a poco al pecho a través del orificio del diafragma. Desafortunadamente, los cirujanos se negaban a intervenir quirúrgicamente porque era muy peligroso que yo estuviera acostada totalmente plana en la camilla de operación porque eso incrementaría la presión cerebral.

Pasaban los días y las semanas, y mi condición estaba lejos de estar estable. Presentaba retención de líquidos y mi cuerpo se hinchaba constantemente, la presión arterial se elevaba y bajaba continuamente, presentaba fiebres altas, y en general, toda mi condición impedía que mi pierna y estómago fueran operados. Tenía un tubo en la boca que me ayudaba a respirar, otro tubo en la nariz por dónde me alimentaban y llevaban el alimento a mi estómago, cables por todos lados que monitoreaban mi ritmo cardiaco, los niveles de oxígeno y bióxido de carbono en mi respiración, mi presión arterial y cerebral.

Dos semanas después de mi ingreso a Terapia Intensiva, la situación comenzó a complicarse cuando ya no conseguían pasar alimento a través de la sonda en mi nariz. Me llevaron inmediatamente a realizar rayos X y se dieron cuenta que el estómago se había retorcido y eso impedía el paso del alimento al intestino. Sin otra opción pertinente, los doctores decidieron realizar la cirugía que tanto temían hacer. El temor de que mi cerebro no soportara el estar acostado totalmente era inmenso para el equipo médico y mis padres. El equipo de cirujanos se aventuró en tomar el riesgo, comentando a mis padres que, si la presión cerebral se elevaba, interrumpirían la cirugía y no cerrarían la incisión.

Después de más de 3 largas horas para mis padres y la familia, todo resultó… ¡favorable! Los doctores consiguieron cerrar el orificio en el diafragma, reposicionaron el estómago en su lugar, cortaron una porción del estómago debido a tejido necrosado ocasionado por la falta de circulación de sangre y, por último, colocaron 2 sondas. Una a un lado de mi pulmón izquierdo para ayudar a drenar liquido de los pulmones, y la segunda sonda, fue colocada en mi estomago para recibir alimento a través de ella.

Tras el éxito de la operación abdominal, 3 días después, el equipo de cirujanos decidió tomar el riesgo de nuevo y llevarme a sala de operaciones para arreglar la fractura de fémur.

Jamás habíamos presenciado la labor tan noble que realizan los médicos, pero sobre todo las enfermeras. Fue exquisito ser testigo de cómo las enfermeras de PICU (Pediatric Intensive Care Unit en inglés) ejercen su profesión para servir con el alma a pesar de las horas extenuantes de estrés mental ocasionado por el cuidado de los pacientes en condiciones críticas como yo. Era bellísimo presenciar cómo ponían en práctica no sólo sus habilidades profesionales, sino su actitud de servicio y calidez humana. Eran evidentes la pasión, dedicación, amor y entrega no sólo con sus pacientes, sino con los familiares que nos acompañan. Sin lugar a duda, el trabajo de las enfermeras y su cuidado ininterrumpido facilitó que mi cuerpo se restableciera. No sólo cuidaron de mi cuerpo, sino nutrieron mi alma y el de mis padres con palabras de aliento, prestaban sus oídos y brazos para sostenernos en medio de la penumbra y la incertidumbre.

Los doctores pronosticaban un futuro enormemente incierto. El daño en mi cabeza era inmenso que se limitaban a dar esperanza alguna para mí. No estaban seguros si yo iba volver a abrir mis ojos, respirar sin ayuda de un equipo médico, caminar, moverme, reconocer a mi familia. Lo único que era certero era mi estado actual, depender de una manguera conectada al oxígeno para respirar y una sonda en el estómago que me permitiera nutrirme para estar viva. El panorama era desolador para mis padres, familiares y amistades.

Después de 5 semanas en PICU (terapia intensiva) la presión cerebral se estabilizó, gracias a que extrajeron liquido cerebral por varios días. Por lo que por fin salí de la unidad y me trasladaron al área de pediatría, donde el cuidado ya no es tan intenso. No sin antes realizarme una traqueotomía para que me ayudará a respirar sin tener que depender del respirador y hacerlo sólo con oxígeno. También insertaron una línea central en mi brazo para ser alimentada vía Intravenosa y darme medicamentos, hasta que mi estomago estuviera sanado para volver a recibir alimento.

Estuve solamente una semana en Pediatría, durante esos días comenzaron a alimentarme a través de la sonda gástrica. Y una vez que los doctores estuvieron seguros de que mi estomago toleraba cierta cantidad de fórmula me dieron de alta. Conseguí abrir mi ojo derecho, pero mi vista estaba perdida. Podía mover de manera involuntaria la pierna y mano derechas. Mis movimientos se parecían a los de un bebé recién nacido.

El 17 de octubre, mes y medio después del accidente, soy dada de alta del UMC (University Medical Center) y trasladada a Silver State Pediatrics, una clínica de rehabilitación. Después de un mes, mi situación de salud era cada vez más estable. Poco a poco conseguí abrir mi ojo izquierdo, mover mi brazo y pierna izquierdas.

Algunas situaciones de salud se complicaron para mí durante el camino, y volví a ingresar a Terapia Intensiva. Recuperándome y volviendo a la clínica de rehabilitación después de siete días.

Al día siguiente de la tercera intervención de MetaHipnosis que mi mamá realizó conmigo a mediados de noviembre para coadyuvar en mi mejoría, durante la sesión de terapia física, yo comienzo a comunicarme con la cabeza y los dedos, me paré de la silla de ruedas y di mis primeros pasos, sostenida por las terapeutas y un andador. Los doctores, enfermeras y mi mamá celebraban con aplausos y festejaban el milagro que se presentaba ante sus ojos. Algunos, incluso derramaron lagrimas porque nadie esperaba este despertar. El director de Enfermería decía que era increíble que mi recuperación fuera tan rápida si el pronóstico de mi recuperación era muy desalentador.

A partir de ese día, mi recuperación ha sido como un domino. Un despliegue de pequeños milagros se ha presentado, uno tras otro. Ahora, en diciembre del 2021, ya puedo respirar por mi misma sin necesitar ninguna sonda ni oxígeno, puedo sentarme, hablar un poco, caminar con asistencia, y muy pronto, comenzaré a disfrutar de la comida.

A pesar de que mi memoria a corto y largo plazo aun sufre algunos desajustes, soy capaz de volver a sentir tanto emocional como físicamente. He vuelto a sonreír, llorar, enojarme, frustrarme, entristecerme. He renacido y estoy volviendo a conectarme con la vida. Mis familiares, amigos y terapeutas físicas me recuerdan lo importante que soy y lo valiosa que soy para ellos. Vuelvo a sentir el palpitar de mi corazón, el poder de respirar por mi misma, contemplar la luz del día.

Cada cicatriz en mi rostro, piernas, brazos y abdomen son el recordatorio fehaciente de la fortaleza de mi espíritu y mi cuerpo. Esa sabiduría interna y divina que habitan dentro de mí y que brilla con mayor fuerza en los momentos más oscuros. Donde mi luz brilla y resplandece junto con la de aquellas personas que me han acompañado en esta travesía brindando sus oraciones, su tiempo, su apoyo emocional y su amor.

Antes del accidente buscaba un éxito rotundo, un futuro prometedor económicamente, y cuando me encontraba en Terapia Intensiva conectada a un respirador y más de diez medicamentos que me mantenían viva, reconocí lo inmensamente millonaria que ya era. Contaba con un cerebro que me permitía mover cada uno de mis dedos, caminar, brincar, abrazar y besar a los que amo, respirar por mí misma, escribir, leer, jugar, bailar, un par de ojos que cuando los abría eran capaces de maravillarse ante la belleza de los paisajes, deleitarme con comidas exquisitas, y un sin número de actividades. Este evento me ayudo a recordarme que soy multimillonaria por el cuerpo que tengo, con el cual puedo soñar, amar, vivir, experimentar, caer, levantarme, aprender, asombrarme, reír, llorar, disfrutar, que me acompaña en las tormentas y los días de luz, y que es capaz de sanarse.

Todas y cada una de las personas que han recorrido con nosotros este camino, me han venido a recordar la grandeza de mi ser, así como las valiosas contribuciones que todos ellos han aportado a mi vida de alguna u otra manera; y cómo a su vez, sin proponérmelo, yo he contribuido también en la de ellos de formas excelsas, donde han recordado su grandeza al igual que yo. Enriqueciéndonos unos con otros.

He aprendido que el éxito no conoce de edades, raza, género, ni posición socioeconómica, que es cambiante porque evoluciona junto conmigo, no es algo estático ni rígido, tampoco hay un único camino o manera de conseguirlo. Lo que hoy considero éxito, como mi recuperación física y de salud, tal vez no lo sea en otra etapa de mi vida, y es válido. Y que este evento es uno de los tantos éxitos que me acompañan en mi existencia. Me atrevo a afirmar que no hay éxito en la vida, sino éxitos con S. Fui creciendo con la idea de ir tras el éxito anhelado, sin darme cuenta que a mis 13 años he gozado de innumerables y valiosos éxitos. Es cierto que los éxitos de otras personas pueden ser fuente de inspiración, sin embargo, te invito a visibilizar los éxitos que ya has tenido Tú en tu vida. Reconócelos, celébralos, hónralos y aprende de ellos para que los vuelvas a reproducir. No sólo se aprende de los errores, también se puede aprender de los éxitos, esos que son tuyos y pertenecen sólo a ti. Y porque no, amplíalos y enriquécelos con los de otras personas si así lo deseas. Construye tu propia manera de tener éxitos, en tus propios términos y parámetros.

Este éxito que describo en estas líneas no sólo es mío, sino que es compartido. Tanto yo como todos a mi alrededor alcanzamos el éxito hombro con hombro para que mi recuperación siga siendo una realidad tangible. No he llegado sola a la meta, sino que hemos llegado todos los que contribuyeron de diferentes maneras para que yo este donde estoy ahora. Sin lugar a dudas, el éxito es de todos.

A pesar de que aun no me recupero al 100%, ya soy una joven exitosa por todo el potencial que se ha desplegado en mí, lo que he descubierto y aprendido de mí. Soy exitosa por tener un día más de vida para acercarme al futuro que más anhela mi corazón. He reconocido en mí no la resiliencia, sino la antifragilidad, es decir, el volverme más fuerte y próspera tras la incertidumbre, el estrés y el caos.

Aún continuo en la clínica de rehabilitación, todavía no he regresado a casa desde el accidente, y tampoco sabemos cuánto tiempo más estaré lejos de ella. De lo que si tengo certeza es que regresaré a ella renacida, renovada, anti frágil, más fuerte de lo que era cuando salí de ella.

Este es sólo un capítulo de mi vida, que seguiré escribiendo y reescribiendo, para formar mis propias historias con más capítulos que estén alineados con mis futuros más deseados. Porque si no creo mi propia historia, ¿quién más la creará? En tu caso, ¿quién está eligiendo la música que estas bailando?

Crea tu propio ritmo, tus propias historias, tus propios éxitos.

Jenny, La Leona

Maté A Mi Peor Enemiga

Sería fácil juzgarme sin conocer las razones por las que lo hice, pero llegué al punto máximo de la desesperación y coraje al mirar cómo por años me había perseguido, juzgado y dañado molestándome con su manera de juzgarme. Sus críticas sus constantes opresiones y acosos hacía mí, ya me tenían cansada. Si yo lograba una meta, me buscaba para tratar de que no la celebrara ni estuviera feliz; ella quería hacer todo para que yo sintiera que lo que había logrado era insignificante o simplemente no era nada.

Hasta en cosas simples, como si publicaba una foto donde yo en ese momento me sentía linda, a los pocos minutos ella me buscaba para decirme que en realidad me miraba mal, que la borrara mejor. Ella esperaba con ansias a que yo cometiera algún error para burlarse de mí, y si no pasaba, ella simplemente buscaba errores de mi pasado para restregármelos una y mil veces.

La verdad era demasiado cruel y dura, sin duda alguna. Me di cuenta de que ella luchaba para arruinar mi sonrisa y mis momentos lindos de logros, victorias y felicidad. Así pasaron muchos años y ella no paraba de molestar. Aclaro que en más de una ocasión le pedí que me dejara en paz, que dejara de estarme jodiendo la vida. Sin embargo, ella nunca entendió. Parecía que se regocijaba con mi desesperación y tristeza. Muchos fueron sus señalamientos hacia mí cuando, en el año 2012, mi hijo mayor mi amado Jerry que en ese entonces tenía él 16 años, desafortunadamente se dejó atrapar por las adicciones. La inexperiencia de su juventud no le permitían en ese entonces reflexionar y escuchar mis consejos. Me convertí en madre desde muy jovencita, y claro, esa enemiga no dejaba de decirme que no supe ser una madre perfecta.

Transcurría el tiempo y en el 2015 sufrí una de las peores pesadillas de mi vida. Todo se juntó; un tumor, acompañado con una terrible trombosis venosa amenazaban mi vida y la de mi bebé, mi preciosa Emily, si, estaba embarazada y atravesando la peor crisis de salud de mi vida.

Recuerdo que el médico fue tan cruel como mi enemiga, al decirme que eran pocas mis esperanzas de vida, que mejor llenara un libro llamado: Mis últimos 5 deseos cuando muera. Es un libro que dan en algunos hospitales a las personas que están en alguna situación de gran riesgo de perder la vida.

Ese médico me insistía constantemente en que abortara a mi pequeña Emily, porque con tanto medicamento la bebe podría llegar al mundo con varios problemas de salud o Síndrome de Down, más yo decidí no escucharlo. Opté por NO abortar y dejar que mi DIOS fuese quien tuviese la última palabra y así fue.

Pero ¿qué creen? Incluso en esos momentos más duros de mi vida, mi terrible enemiga me seguía atacando sin la más mínima piedad. Ella me aseguraba que ese año yo moriría y trataba de quitarme las esperanzas de luchar, pero no lo logró. Yo siempre había sido una persona fuerte, desde niña, con un espíritu de fortaleza y de lucha bastante aguerrido. Desde pequeña fui así. Recuerdo que dije: un día quiero ser locutora de radio y trabajar en la Tv, y lo logré también. Desde muy niña sabía que quería ser cantautora y también lo conseguí. Mi éxito en ese 2015 no era mucho, pero el esfuerzo que siempre puse en mis sueños si era grandísimo. Entonces pensé: si pude lograr algunos de mis sueños, por qué no podré lograr seguir viviendo y pensar que sanaré y sobreviviré aun cuando el médico me daba pocas esperanzas y mi cruel y despiadada enemiga de alguna manera se unía a él, tratando de que ya mejor me rindiera.

Aún recuerdo con nostalgia que nadie quería atender mi parto. De un hospital me mandaban a otro y otro, porque, según mi médico, en el momento de mi parto podía ser mortal. Así se llegó el día y temerosa, pero con FE, asistí a dar a luz a mi bebé. Me despedí de mis hijos por si me tocaba partir. La verdad, por dentro mi alma estaba temerosa, fue un proceso muy duro.

Mi pequeña Emily estaba perdiendo su oxígeno y yo estaba lastimada y muy angustiada. Estaban a punto de preparar mi cesárea, pero de un minuto a otro mi bebé decidió salir sola, por parto normal.

Recuerdo que la enfermera me dijo: ¡la bebe está saliendo sola! Así fue. mi hijita nació sana y hermosa sin ningún problema de salud. Eso me lleno de fortaleza porque, aunque mi salud aún estaba mal seguía con vida. Aún en mi proceso de recuperación tuve que soportar los terribles ataques de mi enemiga. Quería seguir saboteando mi mente, era terrible… Así pasó el tiempo y por fin comenzaba a recuperarme.

La historia cambió porque fue ahí donde comenzó mi plan de venganza. Es increíble la fuerza que te brinda una segunda oportunidad de vida. En ese proceso aprendí miles de cosas y una de ellas fue a vivir a plenitud, sabiendo que la muerte es real y que día con día nos anda pisando los talones, por ende, si antes ya era valiente esta experiencia me hizo aún más.

Me llené de valor y me propuse buscarla, y cuando ella menos lo imaginó, la atrapé. La atrapé justo en el instante que planeaba volver a atacarme. La enfrenté con decisión y firmeza. Les confieso que la até de pies y manos. Sus ojos estaban cubiertos con un vendaje y le puse cintas adhesivas en la boca para que no pudiese decir ni media palabra. Luego me paré frente a ella y lentamente le quité el vendaje de sus ojos. Era la primera vez que la miraría fijamente, frente a frente, después de tantos años.

Clavé mi mirada en la suya y le grité llorando de dolor: este es tu momento de morir, no volverás a molestarme nunca más, porque jamás te lo volveré a permitir. DIOS me ha brindado una oportunidad más de vida y ¡ni tú ni nadie me va a venir a joder jamás!

Le reclamé por más de una hora todo lo que me había hecho. Mis últimas palabras para ella fueron: **A PESAR DE TANTO DAÑO, MORIRÁS SABIENDO QUE TE PERDONO, PERO AÚN ASÍ, TIENES QUE MORIR...**

Poco a poco su imagen fue desapareciendo y solo quedé yo, parada frente al espejo de mi habitación, celebrando mi nueva vida.

Sí... mi peor enemiga por muchos años era YO MISMA. A partir de ese momento, mi vida cambió. Decidí dejar de ser tan dura conmigo misma y dejar de exigirme tanto. Comprendí que no tengo que ser perfecta en todo, que puedo equivocarme una y mil veces, supe que no tengo que ser exitosa en todo, que no importa cuántos triunfos tenga la vecina, la amiga, la comadre y que no por ello yo debo sentirme presionada a cumplir con los estatutos que una falsa sociedad impone, para considerarte una persona exitosa y triunfadora.

Por fin comprendí que debía dejar de sabotearme a mí misma. Me critiqué mucho, me exigí demasiado, me sentía inconforme e insatisfecha, aún con grandes logros, porque me exigía a mí misma mucho más. Era cruel y despiadada con mi ser, es maravilloso comprender que la vida se vive un día a la vez y que no se puede vivir estresada porque no has alcanzado el máximo triunfo donde quieres estar.

Hoy comprendo que este viaje por la vida es todo un proceso de aprendizaje y que tengo el derecho a equivocarme, caerme, levantarme una y otra vez. Es genial comprender que si hoy no se pudo, tal vez mañana si se podrá. Y a quién le importa si hoy solo tengo ganas de estar todo el día en mi cama, tragando, viendo películas, tengo el derecho de hacerlo. Sí, es muy importante luchar por nuestras metas y sueños, pero sin que nuestra vida se convierta en una pesadilla de presión y estrés. Sí… el estrés y la presión matan a muchas personas al año, llevándolos a ataques de ansiedad y depresión. Muchas de estas personas terminan quitándose la vida por sentirse fracasadas al no poder lograr alguna meta.

Tristemente, en estos tiempos entre más followers y likes tengas, más te valora la sociedad retorcida. Pero no caigas en ese juego mediocre, no lo hagas, deja de juzgar tus fracasos y celebra tus logros, sean muchos o pocos, es una realidad vivimos en una sociedad que de alguna manera nos presiona a ser personas triunfadoras, hermosas, perfectas, populares, lo cual es totalmente ridículo.

No te mortifiques por no haber logrado una meta. Los más grandes logros se adquieren de los más grandes fracasos, porque te van dejando experiencia y ¡ojo! no los estoy invitando a ser conformistas y mediocres, los estoy invitando a tratar de vivir a plenitud silenciando esa voz interna que nos exige más y más. Ese "yo" interior que, de pronto, es cruelmente despiadado con nosotros mismos.

Sí, lo admito. No puedo negar que, aún a veces, el fantasma de esa enemiga me trata de hablar y me dice que corrija esto o aquello, pero ahora, soy yo quien la domino, no ella a mí, y desde que es así, muchas cosas por sí solas han ido cambiando para bien. Por ejemplo, me aferre a las posibilidades de seguir con vida, aun cuando mi voz interior a veces me quería hacer perder la esperanza, y ¡aquí estoy!

En el proceso de mi enfermedad compuse canciones para un disco que titulé: Dejando huellas, con Jenny La Leona, el cual, en estos momentos, se acerca a los casi 20 millones de reproducciones. ¿Quién lo iba decir en aquellos momentos de angustia y sufrimiento, cuando el temor se apoderaba de mí? Pensé que eso era lo último que haría, pero aun así seguía luchando. Podría compartirles cientos de herramientas que utilice para salir de esa crisis y lo haré. Próximamente escribiré un libro en el cual revelaré todas mis vivencias, mis aprendizajes y el más grande secreto que utilice para lograr mis objetivos, por ahora sólo destacaré unas de las más más fundamentales:

1.- HAZTE AMIGO DE EL DON DE LA PACIENCIA. Aprende a comprender que todo en la vida lleva su tiempo perfecto. NO DESESPERES.

2.-DESVÍA TÚ VOZ INTERIOR CUANDO PRETENDA SABOTEARTE. Mira un paisaje bonito o escucha la canción que más te agrada, juega con tu mente cerrando tus ojos e imaginando un momento hermoso de tu vida. Así, de pronto, sin darte cuenta en que momento pasó, tú serás quien arrastré a la negatividad y no ella a ti.

3.-GENERA PRESENCIA A TU OBJETIVO. No lo abandones.

4.-CREA POSIBILIDADES UNA Y OTRA VEZ. Recuerda que la imaginación es aún más importante que el conocimiento. Ese lo adquieres sobre la marcha, las mejores cosas y resultados de los más grandes líderes fueron primero imaginadas, luego creadas.

Así podría seguir numerando técnicas infalibles, pero quiero cerrar este capítulo diciéndoles una de las cosas más importantes: No te des por vencido, ni aún vencido, ni permitas que nadie te diga que no puedes.

Tú eliges: en las grandes crisis el corazón se rompe o se fortalece…

Con amor,

JENNY, LA LEONA

Jenny Peña F. mejor conocida en los medios de comunicación como JENNY LA LEONA DE CHIHUAHUA, originaria de Cuauhtémoc, Chihuahua, y criada en un pequeño rancho llamado Ejido Progreso. Desde los 16 años ha dedicado su vida profesional al mundo de las comunicaciones, desempeñando diferentes facetas como locutora, conductora, cantante, conferencista internacional y compositora.

Ha logrado muchos de sus sueños y metas que tenía cuando era niña y a pesar de que enfrentó un peligroso tratamiento médico en el 2015, donde los médicos ya no le daban esperanzas de vida, logró salir victoriosa demostrándose así misma que mientras se tenga FE Y ESPERANZA, la última palabra la tiene DIOS guiándote a tener siempre pensamientos positivos y a que comprendamos que nunca debemos darnos por vencidos ni aún vencidos.

Después de graves problemas de salud celebra su nueva oportunidad de vida grabando nuevo material discográfico titulado DEJANDO HUELLAS, CON JENNY LA LEONA el cual está dando de qué hablar por el contenido de sus letras muy controversiales, que le han costado muchas críticas y hasta han negado su música en algunas emisoras, por considerarla una artista que canta canciones prohibidas para el ojo de algunos críticos.

Actualmente está teniendo muy buenos resultados y aceptación con su controversial álbum que trae temas fuertes, pero que a su estilo hablan la pura verdad. La Leona De Chihuahua está a punto de lanzar sus próximos musicales titulados: Humilde pero no pendeja, Ya para que, y No hablen nomás por hablar, PRONTO ESTOS NUEVOS SENCILLOS SE DARÁN A CONOCER Y PROMETE QUE NO SON APTOS PARA CARDIACOS.

Anni Aguilar

Las maravillosas segundas oportunidades

Ana Flor Aguilar

Tenemos dos vidas. La segunda empieza cuando nos damos cuenta de que solo tenemos una. (Confucio)

Quiero comenzar por lo que pudo haber sido el final de mi vida, hace 6 meses estuve a punto de morir en un accidente de automóvil, es la primera vez que lo relato de forma escrita, siento un sin sabor de derrota y victoria yo misma manejaba el auto en el que me accidente y gracias a Dios iba sola. Es real que aún siento el dolor psicológico del accidente, aún tengo un poco de miedo de lo que viví, y aún estoy en proceso de recuperarme físicamente de las secuelas del accidente. Lo más importante de este proceso para mí, fue que por fin comprendí que, así como me ocurrió este accidente es la vida, tiene momentos en los que sientes que todo está perdido y que no hay esperanza, ese momento en el que sientes que definitivamente nada te salva y es en ese punto donde ocurren los milagros, las transformaciones, es allí donde llegan las sorpresas que te trae la vida y las alegrías tan grandes que te hacen sentir que vale la pena quedarse aquí inclusive así tengamos Miedo.

Otra comprensión que hice en este proceso es reconocer y aceptar que tuve un miedo inmenso, sentir la muerte tan cerca, sentir como se va la Luz de tus ojos y llegan las tinieblas, sentir físicamente que tus vasos oculares se rompen, sentir como el aire se va yendo de ti porque te estás ahogando y como todo tu cuerpo se va inflamando por la falta de oxígeno es devastador, y saber que tienes que guardar fuerzas para seguir despidiéndote allí sola de todos los que amaste y sacar fuerzas para rezar tus últimas oraciones y decir ¿por qué así? ¿por qué a mí? Seguir preguntándote, ¿así es morir? Realmente todo eso da miedo, si me dio mucho miedo y lo acepto y no me da vergüenza reconocerlo, porque gracias a ese miedo saqué fuerzas para cuando me encontraron allí casi inerte poder dirigir a un hombre que amo para que el con sus propias manos y otros 6 hombres me rescataran del abismo, a la energía masculina le debo el haber salido viva de ese accidente.

Quedaré en gratitud infinita con mi hermano y todos los que me rescataron, en gratitud infinita con Dios que me permitió continuar aquí y en gratitud infinita con toda mi familia que día a día me permite comprender la razón de para que me quede en este bello universo.

Lo cierto es que volví a nacer ese 2 de mayo de 2021 y en mi nueva vida he aprovechado como nunca cada minuto, cada segundo para decir te amo a los que amo, para enviar corazones a todos los que me conocen, para dejar mensajes en mis redes siempre que tengo un espacio, me he prometido que, en esta nueva oportunidad de estar aquí cada día, me amaré y aceptaré un poco más, porque yo merezco estar aquí y yo quiero estar aquí hasta mis 120 años.

Ahora quiero llevarlos a quien era yo antes.

En el pasado era una importante ejecutiva del área de marketing en compañías nacionales y multinacionales de farmacéuticos, durante casi 20 años de mi vida, tuve la fortuna de aprender de esta industria y de toda la gente que la conforma, tuve grandes maestros en todos los planos y entendí que cada uno me dio de lo mucho o poco que tenían, comprendí también que **cuando tú no te das el valor que tienes, a los demás se les dificulta ver tu valor**, también agradecí y agradezco toda la abundancia económica de la que disfrute y disfruto por mi trabajo, los viajes, los amigos y todo lo maravilloso que viví, pero al igual que todas las empresas y familias esta jungla laboral estaba teñida de matices y diferencias que por mi poca educación emocional no supe manejar del todo y decide retirarme de ella y emigrar a este fabuloso país.

Antes de emigrar dediqué unos buenos meses a estudiar y aprender danza árabe con una fabulosa maestra en Colombia Antonina Canal, este inició de mi despertar espiritual y de conciencia me trajo llena de ilusiones y sueños a este país.

Como entenderán no es fácil pasar de ser el centro de atención por tu cargo o tu poder laboral a empezar de cero, pero pude con eso, el placer de la Libertad de manejar mi tiempo y de disfrutar ver crecer a mi hijo Juan Pablo me dieron alas para superar mi pasado, atrás quedaron los largos comités y reuniones interminables con gente que la mayor parte del tiempo no entendían y que no me entendían a mí, pasé de la inmensa fábrica de medicamentos a un apartamento de una habitación para mi hijo y para mí.

Reconozco que este nuevo universo del inmigrante me agarró por sorpresa, pero realmente fue indescriptible volver a estudiar, después de ser profesora universitaria, cocinar, arreglar y lavar, tareas que nunca hice porque tenía quien me asistiera en eso, en fin, pasé de que me manejaran la agenda a manejar mi vida, a retomar el control de quien era, a ser dueña de mi en todos los sentidos.

Desde lo más profundo de mi corazón siento que pase de estar dormida a empezar un despertar espiritual y emocional que hoy me llena el alma, fue a través de apoyar a grupos de mujeres y familias que encontré el para que de haber emigrado y de mi nuevo comienzo, me llena tanto el corazón escribirte esto que quiero contarte que la primera paciente que tuve en Estados Unidos hace casi 6 años, aún me referencia con sus amigas y forjamos una bellísima amistad, porque tengo que reconocerlo mis clientes y pacientes se vuelven parte de mi familia, le agradezco a Karla por haber depositado en mí su proceso de vida, y a cada una de las más de 1.000 mujeres, hombres, adolescente y empresas que han confiado en mí, para lograr dar ese salto que los lleva al siguiente nivel.

Mi vida lejos de ser perfecta hoy se volvió real, auténtica y mi invitación para ti, es que te des la oportunidad de tener una vida sin máscaras, por qué es fácil vivir a través de la máscara o inclusive de las diferentes máscaras que nos ponemos, pero lo cierto es que esas máscaras nos dificultan las relaciones reales y nos alejan de los demás, así que hoy es un buen día para que empiece a aceptarte y a romper con esas máscaras. Sincera tus relaciones, pero antes sincérate contigo mismo, sincérate con tu familia, pero antes acepta la familia que te correspondió, sé sincero con tus padres, pero antes perdónalos y acepta que son perfectos para ti, no podías tener unos padres diferentes porque No serías quién eres. Organiza tu vida un día a la vez, una relación a la vez, con calma, pero seguro.

Eres fabulosa (o) y lo sabes, solo que de pronto alguien te dijo que no lo eras y le creíste, yo te digo hoy que eres perfecta(o) y que mereces estar aquí, que si tus circunstanciaos hoy no son las mejores, depende de ti empezar a cambiarlas, que no debes bajo ningún pretexto entregarle a Nadie la llave maestra de tu vida, porque es tuya y solo tú puedes tenerlas.

El servicio se vuelve una bendición cuando lo haces con el alma, en mi propio proceso interior descubrí que el trabajo de mis sueños es este, ayudar desde la terapia alternativa y el coaching a las personas a lograr esa evolución a la que vinimos, reconozco que mis métodos no son tradicionales y a veces me encuentro en situaciones en las que mis pacientes se vuelven mis amigos y luego me reclaman de forma casi chistosa que por que a veces los regaño y me toca aclarar; no te estoy regañando solo que alguien debe ponerte en contexto de lo que estás haciendo y hacerte ver la realidad.

En días pasados atendiendo a una terapista física que vive en otro país y que es un ángel en esta tierra para mí y para muchos que ha ayudado, me decía en consulta, en nuestra pasada charla sentí que me estabas regañando y quería decirte que no me duele, porque después analicé y me di cuenta que es cierto lo que dices, que de alguna manera sientes que tienes que decírmelo y es verdad aunque otros me lo han dicho cuando lo escuche de ti, fue diferente y yo me limité a contestar: cuando quieras ser aterrizada en el planeta Tierra llámame aquí estoy tú amada terapeuta irreverente.

Es curioso por que acaba de ocurrir un hecho en mi país y fue la muerte de un hombre que fue un ángel para muchos de diferentes maneras él se llamaba Mauricio leal y lo asesinaron y lo dejo aquí escrito por que me impacto muchísimo, y hoy me pregunto; como un ángel terrenal termina de una forma tan absurda? es que por estar siempre con las alas puestas se nos olvida que estamos en la tierra que en este plano muchas almas no están en las mismas tareas que nosotros, que algunas inclusive en nuestro círculo más cercano tienen otros destinos, otras frecuencias y es nuestra labor aprender a comprender eso y no permitir que por nuestra ceguera angelical nos ocurran sucesos como el de mi amado amigo.

Mi invitación hoy es que a través del filtro del Amor sepas cuando dejar algunas relaciones tóxicas para ti y quedarte con las relaciones con personas vitamina que te llenan el alma y el corazón.

En la actualidad trabajo en California en consulta presencial y en mi consultorio online en todo el mundo. www.anniaguilarcoach.com

Trabajo sobre todo con mujeres, inicialmente cuando llegue a este país, empecé dando maravillosas clases de danzas a diferentes mujeres que no solo buscaban bailar, buscaban transformación y la danza es una forma bella de transformar la oruga en mariposa, la danza de forma personal ha sido mi inspiración en Colombia desde pequeña tuve la oportunidad de danzar desde ritmos africanos hasta danzas típicas colombianas y como digo la bailarina siempre regresa a bailar y ya adulta en Bogotá tuve la oportunidad de danzar con una maravillosa maestra de vida que fue Antonina canal ella con su Bella danza árabe tocó las fibras más profundas de mi corazón, esa danza me permitió en Estados Unidos retomar mi centro y empezar a desplegar mis alas, muchas entrevistas en medios de Texas y México, muchas referencias de mujeres que estaban logrando avanzar en sus procesos de vida me dieron Alas para continuar profundizando y crear el sistema Dapasa; danza para el Alma.

Este sistema es una de mis herramientas en consulta para lograr armonizar a través de lo que el cuerpo habla los procesos inclusive de enfermedades, traumas etc., es vital el movimiento ya que la vida no se detiene.

El cuerpo habla y habla claro cuando lo mueves, así que recomiendo muchísimo que ojalá te regales cada día cinco minutos para danzar para ti frente a un espejo observándote detalladamente, diciéndote lo bella que eres, contemplando el milagro de tu vida y moviendo ese cuerpo que es tu vehículo, tu templo en este plano.

Manejo otros temas que me apasionan, En el tema de crianza apoyo mucho a las mujeres con niños y adolescentes, trabajando con ellos de la mano para llevarlos a dar el siguiente paso, todo lo que hagas por El Niño de hoy lo agradecerá el adulto del mañana.

Ofrezco también a las mujeres y empresas, orientación profesional, basada en mi experiencia empresarial en

Colombia, he apoyado desde contrataciones empresariales hasta decisiones de ventas, nuevas fuentes de financiación, nuevos enfoques de marketing, fusiones, quiebras, franquicias entre muchas otras, a nivel empresarial siempre hay un sinnúmero de caminos para tomar y he podido de forma asertiva ayudar a muchas mujeres en estos procesos empresariales.

Finalmente, aunque te parezca que no las empresas se parecen a sus líderes, así como los hijos nos parecemos a los padres.

Mi otra forma de servir de inspiración a otras mujeres es, esforzarme cada día en ser mi mejor versión, soy buena conmigo todos los días me ejército, como saludable, me arreglo, soy una buena madre con mis hijos, soy buena con mi esposo, lo amo profundamente y trabajamos cada día en hacer más sólida nuestra relación, soy una buena hija, soy una buena hermana cada día mejor y esto se los digo porque aunque no nos conozcamos desde que estés trabajando por estabilizar tu poderosa energía femenina y enfocarla a tu favor y el de la humanidad que te rodea empezando por los tuyos, las otras mujeres lo sienten y lo viven, recuerda que si avanza una avanzamos todas, que si alguna esté enferma y sana sanamos todas.

Los problemas mentales y las mujeres

No quiero terminar mi relato sin tocar este importante tema que cada día toma más y más importancia porque se está haciendo público por las estrellas, ahora la moda no es decir que preferencia sexual tienes, la moda es sincerarte acerca de tus problemas mentales, son demasiados, pero me centraré en los que más observo en la consulta de coaching y que si son muy profundos deben siempre ser remitidos al psiquiatra para valoración y medicación de ser necesario.

Hablemos de depresión

La depresión es una prisión en la que eres tanto el prisionero como el cruel carcelero. Dorthy Rowe

Lo primero que yo comprendí cuando estudié mindfulness en Monterrey en el instituto de mindfulness que dirige el Dr. Javier Gutiérrez Ornelas, fue que cuando estaba triste siempre estaba en el pasado, luego nos confirma esta herramienta que efectivamente es en el pasado donde ocurre este fenómeno.

Si bien a la consulta no llegan reconociendo que están deprimidas porque siempre lo tratamos de ocultar, si llegan con la meta de mejorar su autoestima y está meta disfraza en la mayoría de mujeres una depresión que desde la adolescencia e inclusive desde la niñez nos acompaña, parece increíble pero la familia nos hace ocultar que estamos tristes, frases como llorar es malo, la tristeza no es De Dios, no muestres el Portillo aunque la cerca esté caída son frases que nos enseñan a ocultar la tristeza.

Hoy te digo a ti que lees estas líneas, no trates de pintar tu mundo todos los días de colores si no te nace del corazón, acepta tus colores grises que también son hermosos y acéptate a ti, y espero que hoy comprendas que cuando tenemos baja autoestimas realmente estamos tristes o deprimidas por quien somos hoy y la única forma de cambiarlo es empezar por aceptar desde adentro lo que somos, nuestros colores y sus matices, nuestras raíces, aceptar nuestro clan y empezar a transformarnos a través del perdón desde esta aceptación real y consciente.

Hablemos de ansiedad

Si quieres dominar la ansiedad de la vida, vive el momento, vive en la respiración (Amit Ray)

Cuando hablamos de ansiedad en mindfulness, se habla que estamos viviendo en el futuro, me genera ansiedad lo que no puedo controlar.

Mindfulness:La fuerza del presente

En el Mindfulness la compasión es clave, ya que nos ayuda a minimizar el impacto de las cosas negativas que nos ocurren. No se trata de borrar las emociones negativas que nos pueden causar ciertos hechos, sino de reducir su intensidad (Jonathan García-Allen)

Nada más valioso en este plano, que este momento presente que estamos viviendo tú y yo, aquí y ahora, porque lo que ocurrió hace un segundo ya es pasado y lo que viene después de ese segundo es futuro así que la vida solo ocurre en este instante, es lo único que tenemos , no lo podemos desperdiciar enojándonos con otros, estando tristes por el pasado o ansiosos por el futuro, solo puedes hacer algo en este momento, es aquí cuando puedes olvidar El Pasado y aceptar el futuro, cuando se habla de enamorarte del momento presente se habla de la compasión, ya que es la herramienta clave en el proceso de aceptación, dirás por que la compasión? es un sentimiento que se manifiesta desde el contacto y la comprensión del sufrimiento del otro, la compasión es la observación y compenetración en el sufrimiento del otro, y el deseo y la acción de aliviar, reducir o eliminar por completo ese sufrimiento.

Cuando eres compasivo contigo mismo, elaboras una cuna de protección para ti, llena de amor, dulzura, ternura y allí llegas a refugiarte y allí pones a los demás cuando sientes que te estás quedando sin fuerzas, eso es la compasión.

"Si quieres que otros sean felices, practica la compasión; y si quieres ser feliz tú mismo, practica la compasión".

La meditación es el nuevo dispositivo móvil; se puede usar en cualquier lugar, en cualquier momento, discretamente (Sharon Salzberg)

Te invito a que cierres tus ojos por 2 minutos y te centras en tu respiración, escucha como entra y sale el aire de tus fosas nasales, así de fácil es meditar, lo hiciste, repítelo cada día aumenta tus telomeros y te ayuda a gestionar mejor tus emociones.

Abraza tus sombras

El arquetipo de la sombra representa, según la psicología analítica de Carl Jung, el "lado oscuro" de nuestra personalidad. Este es un submundo en nuestra psique donde está lo más básico de ti, los egoísmos menos imaginados por ti, los instintos básicos reprimidos del ser y ese "yo" que no aceptamos, ese yo que rechaza nuestra mente consciente y que sin querer lo dejamos en la parte más profunda de nuestro ser, encerrado, sin posibilidades de ver la luz porque nos asusta demasiado lo que puede traer.

Es clave aclarar que todo aquello que es considerado como malo debido a nuestra educación, religión o la sociedad en la que crecemos se convierte en nuestras sombras.

La abundancia del universo

Resulta Imposible para mi hablar de abundancia sin citar al gran maestro Lao Tzu:

Alégrate de lo que tienes, regocíjate con las cosas como son. Cuando te das cuenta de que no te falta nada, todo el mundo te pertenece.

Esta frase resume todo lo que requerimos para ser realmente abundantes, la abundancia es un cóctel maravilloso que tiene los siguientes ingredientes:

Alegría: en grandes dosis todos los días debemos sonreír, sonreírle a todo y a todo lo que nos pasa, reír a carcajadas si puedes, decidir estar sonriendo siempre sin motivos es un gran sinónimo de que estás listo para empezar el camino de tu abundancia.

A ti que estás leyendo este libro, solo puedo decirte que tienes una nueva oportunidad cada segundo que puedes respirar, que la vida es un solo un instante y que el tiempo que dejas pasar no regresa, tu mujer, hombre que has llegado hasta aquí detrás de tu sueño, debes continuar trabajando por el pero de una forma diferente desde hoy, con más compasión, con más abundancia, con más conciencia de quién eres y cuál es tu lugar, tu mereces estar aquí y eres tan único que si te vas sin entregar todo de ti la humanidad no tendrá nunca más la oportunidad de recibir eso tan maravilloso que tienes para dar.

Te amo y lo sé por qué me amo tanto, que tengo amor para darte a ti y al resto de la humanidad, gracias por haberme acompañado en este pequeño tramo de mi vida.

Ana f Aguilar

Life coach ICC/ terapeuta alternativa

Www.anniaguilarcoach.com

Facebook; anniaguilarcoach

Instagram: anniaguilarcoach

Twitter; anniaguilarcoach coach

Ana María Salazar

Yo solía ser una persona insegura, tímida, que siempre buscaba aprobación de los demás, no me atrevía a hablar en público y me costaba mucho dar mi opinión.

Durante muchísimos años fui así, y cada vez que quería hacer algo, trataba de buscar a alguien que lo hiciera conmigo. Han habido cosas que he hecho por mí sola, pero han sido cosas que yo esperaba que alguien las hiciera conmigo hasta que se me agotaba la paciencia y tomaba cartas en el asunto y lo hacía sola. Pero pasó algo en mi vida que me hizo cambiar totalmente y que hizo una Ana María antes de y una Ana María después de. De verdad fue algo que marcó mi vida, y cuando sucedió ya se comenzaron a dar otras circunstancias, otras cosas que me hicieron seguir el cambio.

Fui diagnosticada de cáncer de seno, yo tenía 39 años. Mi mamá murió de cáncer de seno cuando yo tenía 25 años. Mi papá había muerto unos años antes de cáncer al pulmón.

Para mí la palabra cáncer era sinónimo de muerte y me dije ¿ahora qué? Tengo mis hijos pequeños, mi hijo menor tenía 5 años, mi hijo mayor tenía 8, mi esposo acababa de llegar a Estados Unidos, dos años antes y en realidad ese diagnóstico llegó justo cuando estábamos a punto de buscar a nuestra hija mujer; en vez de nuestra hija Mariana, recibí un diagnóstico de cáncer que me cambió la vida.

De verdad sentí que Dios me estaba dando arcilla en mis manos y me decía: es tuya y haz lo que quieras hacer. Entonces yo comencé a pensar que lo que le había pasado a otras personas, no tenía por qué pasarme a mí.

El cáncer de mi mamá, el cáncer de mi papá, el de mis tíos y tías, y el de todas las personas que conozco, fue el cáncer de ellos, ahora voy a ver qué hago yo con mi cáncer. Aprendí muchísimas cosas, leí mucho y me di cuenta de que en realidad el cáncer, si bien es cierto es una enfermedad física, tiene mucha relación con el tema emocional.

Comencé a tratar de sanar bastantes cosas que tenía en mi vida sin resolver. Gracias a Dios ya soy sobreviviente por 12 años.

Analicé el cáncer de mi mamá y de mi papá. El cáncer de mi mamá; yo lo acredito a un tema familiar con el que ella no se sintió cómoda, no lo aceptó, y nunca no lo dejó ir. En el caso de mi papá fue por depresión, porque cuando yo decidí venirme a Estados Unidos, él no quería venir, pero mi hermana mayor vivía en USA y mi otra hermana vivía en España, yo no podía dejar a mi papá sólo en Perú, porque él ya había sido diagnosticado de cáncer al pulmón y si bien es cierto lo había superado, el riesgo estaba presente. Le dije que se tenía que venir conmigo a Estados Unidos. Mis hermanas hablaron con él, para que viniera y estuviera con nosotros. Mi hermana mayor y yo íbamos a estar con él y a pesar de que él no quería venir, nosotros lo trajimos.

Él ya tenía 80 años y antes de venir conmigo lo llevé a hacerse todos los chequeos y estaba perfecto, nosotros llegamos en marzo y mi papá falleció en agosto, porque el cáncer le regresó agresivamente.

Entonces el análisis de esos dos casos de cáncer me hizo leer un poco más sobre qué influencia puede tener una el estado emocional con el estado físico, y de verdad descubrí que nosotros somos lo que creemos y lo que sentimos. Mientras más lo pensamos más lo creamos, si yo me deprimo y pienso que mi vida es un desastre, que nadie me quiere, que no voy a salir adelante, yo solita me estoy enfermando y teniendo esa actitud de Negatividad lo único que voy a traer a mi vida son cosas negativas.

Lamentablemente las enfermedades físicas comienzan a aparecer como consecuencia de los pensamientos negativos y sufrimiento que uno mismo crea. Son cosas negativas, entonces dependiendo de cómo tú lo enfrentes, dependiendo de cómo tus las veas van a desarrollarse de distinta manera, si ves el lado positivo de cada situación y la agradeces estás alejando las enfermedades de tu vida..

Al principio yo creo que el hecho de haber cuidado a mi mamá y a mi papá me puso en una situación de saber cómo se sentían las personas a mi alrededor. Ya había estado en los zapatos de ellos, ahora yo era la paciente. Ese conocimiento y experiencia me daba la capacidad de entender cuando venía alguien y me decía: vas a estar bien, y lo miraba a los ojos y pensaba: **¡debo estar fatal!** Porque yo ya había estado en el otro lado, entonces para mí fue más difícil el tema de poder superar eso, pero al mismo tiempo me ayudó. La única manera en que se puede salir adelante es de la mano de Dios, si Dios me quiere llevar, pues me lleva y por más que yo haga o deshaga, igual sucederá lo que El decida, así que lo único que podemos hacer es confiar en El.

Y fue un día específico, un domingo, un día en que yo estaba en Misa, que le pedía a Dios, le rezaba: ¡por favor sáname, quiero estar bien! Después de la comunión el coro estaba cantando una canción y simple y llanamente yo me puse a llorar, pero a mares. Mi esposo me miraba y me decía: ¿qué tienes? Yo lloraba, lloraba y lloraba y no entendía por qué, pero mientras lloraba decía: ¿sabes qué? ya no te voy a pedir que me cures, ya suelto la toalla, te paso la mochila a ti, haz conmigo lo que quieras, pero por favor cuida a mis hijos y a mi esposo.

Si me quieres llevar, está bien.

Ese fue el momento en el que comencé a sentirme mejor, sentí una liberación, me sentí ligera.

Entonces dije: ya no quiero tener el control. Y aprendí que yo no puedo tener el control, y por más que quiera tenerlo, no lo tendré, entendí que tengo que ser flexible y dejar que las cosas pasen, porque las cosas pasan por alguna razón que puedo, o no entender, pero siempre traen una lección y si yo me esfuerzo para que sean de la manera que yo quiero, no estoy aprendiendo la lección. No estoy dando la oportunidad de que me enseñen.

Entonces fue un paso más a lo que soy ahora. Sigo queriendo que las cosas salgan a mi manera, pero ahora lo dejo en manos de Dios, porque a veces Dios nos lo quiere dar de una forma distinta.

Una mañana, cuando ya había puesto en manos de Dios mi vida, estaba acostada en mi cama, cansada y dije: ¡me tengo que levantar! Los chicos se han ido al colegio y tengo qué cocinar, tengo que arreglar la casa, etc.

Entonces pensé: ¿Sabes qué Ana María? No te preocupes por los chicos, no te preocupes por tu esposo, ni por la casa, preocúpate por ti. Lamentablemente el común denominador de personas tenemos el concepto de que, si te pones a ti primero, eres egoísta. No es así, aprendí que uno se tiene que poner primero, porque si tu no estas bien, nadie está bien. No puedes dar lo que tú no eres, definitivamente si tu no estas bien, no puedes hacer que los demás estén bien a tu alrededor. Pensé: hoy no tengo fuerzas, no tengo ganas. ¿Quieres dormir? Acuéstate a dormir y llama a Willy para que traiga una pizza, no se van a morir si comen una pizza.

Aprendí que yo tenía que preocuparme por mí y yo no debía de pedirle a Dios:

Dios dame fuerzas porque quiero seguir aquí, quiero ver crecer a mis hijos porque mis hijos me necesitan. Debía de pedirle seguir aquí porque yo quería ver crecer a mis hijos. Entonces cambié mi perspectiva, a que yo quería las cosas por mí y no por ellos, porque al final si yo me moría me iban a llorar, me iban a extrañar, pero la vida iba a continuar, ellos iban a seguir yendo al colegio, iban a seguir creciendo, se iban a graduar, entonces dije: no es que yo quiera estar acá porque ellos me necesitan, yo quiero estar acá porque quiero verlos crecer, porque yo quiero verlos casarse, graduarse, triunfar, entonces es porque yo lo anhelo. El sueño de una madre es ver crecer a sus hijos y festejar sus logros. Willy, Angello y Alessio fueron una pieza importante en mi recuperación, porque además de apoyarme incondicionalmente, fueron mi motor y la razón que me hizo salir adelante. Trabajamos juntos como el equipo que somos y gracias a Dios seguimos en el juego juntos.

En ese momento comencé a ver las cosas desde mi conveniencia y de lo que yo quería, obviamente preocupándome por los demás, pero dándome mi lugar, porque antes no lo hacía, antes era yo para los demás, pero comencé a pensar un poco más en mí.

La verdad es que al principio fue muy difícil. Pero me di cuenta de que cuando yo me esforzaba en levantarme a hacer las cosas de la casa, aparte de que estaba más cansada, estaba molesta, de mal humor, porque lo hacía por obligación.

Cuando comencé a pensar: si tengo que dormir voy a dormir y el resto que espere. Al día siguiente cuando había descansado y tenía energía, hacía todo con alegría, estaba contenta y los esperaba feliz. Eso cambió el entorno familiar también, porque es distinto de que ellos lleguen y encuentren la comida lista, la casa ordenada y que yo esté tirada en la cama sin querer hablar con nadie, porque en el día gasté hasta mi última gota de energía, que, si lo haces con las ganas, con el ánimo, entonces dije: esto da mayor resultado, o sea, tengo que estar bien yo para hacer bien las cosas, para que las cosas resulten mejor.

En todo este proceso, Dios puso en vida muchas personas a las que yo llamo Ángeles, que me ayudaron y me apoyaron mucho, llevándome a mis quimioterapias para que Willy pudiera ir a trabajar, cuidando a mis hijos, acompañándome, trayendo comida, siempre estaban pendientes de lo que pudiera necesitar y nunca me dejaron sola.

Aprendí que hay personas que llegan a nuestras vidas en el momento que más las necesitamos, algunas se quedan y otras se van, pero en el tiempo que son parte de nuestras vidas, aprendemos y/o enseñamos lecciones de placer o de dolor que nos ayudan a ser mejor cada día.

Me vine a Estados Unidos porque yo tenía la residencia americana y esperé diez años para que mi esposo viniera conmigo y mi esposo no vino conmigo, yo iba y venía. Esperé diez años porque yo quería venir con él, quería venir con mis hijos y cuando ya se cumplía el tiempo y tenía que renovar mi Green Card, le dije: ¿sabes qué? Me voy, y ya no regreso, si quieres vienes conmigo, si quieres te quedas y si quieres me firmas a los chicos para que se vengan conmigo y si no te los quedas, yo me voy. Y así lo hice, no me arrepiento de haberlo hecho pero muchas veces pienso que debí de hacerlo antes.

Cuando me diagnosticaron cáncer, me dijeron que tenía dos tumores muy pequeños en el lado izquierdo. Al fallecer mi mamá de cáncer de seno, entonces yo me hacía la mamografía todos los años. De un año a otro cambió y me dijeron que me tenían qué hacer una biopsia la cual salió positiva. Al recibir el resultado decidimos que me hicieran doble mastectomía y la doctora me dijo que no podía, porque no la necesitaba. Le dije: No me importa si la necesito o no, yo ya tomé mi decisión y quiero doble mastectomía, porque no quiero pasar por el proceso de hacerme mamografías cada tres meses y estar con la angustia del resultado. Yo corto las cosas de raíz.

La doctora pidió hablar con mi esposo a solas y mi esposo le dijo: ya hemos tomado la decisión, mi esposa quiere eso y no hay vuelta atrás. Gracias a Dios que mi esposo me apoyó. Le dijimos a la Doctora que si ella no lo quería hacer buscaríamos otro Doctor, la decisión ya estaba, y yo tenía la potestad de decidir qué hacer con mi cuerpo.

La verdad fue una decisión fuerte y radical, lo reconozco, pero nunca me arrepentí de eso.

Soy de tomar decisiones radicales. Luego me mandaron a tomar una medicina que se llama tamoxifeno y leyendo los efectos secundarios decía que te podía dar cáncer al útero, entonces fui donde mi ginecólogo y le dije quiero que me saque el útero.

Le expliqué que había estado en tratamiento porque había sido diagnosticada con cáncer de seno a principios de año y que ya había terminado la quimioterapia, que estaba tomando tamoxifeno y me dice: es un efecto secundario mínimo, no a todo el mundo le da cáncer. Le respondí: si a mí me dicen que tengo que cortarme las orejas para que no me regrese el cáncer voy a cortármelas, entonces quiero quitármelo. El me dijo: déjame hablar con tu oncólogo, y regresa la próxima semana. Cuando regresé la siguiente semana me dijo: sabes qué he hablado con tu oncólogo y los dos hemos decidido que dejes de tomar la pastilla, me quedé tranquila y dejé de tomar la pastilla, gracias a Dios porque los efectos secundarios eran horrorosos, comencé a descubrir que yo tenía esa fuerza de que cuando realmente quiero algo lo hago contra viento y marea.

Como comenté anteriormente, yo era una persona tímida, que no hablaba. Cuando estábamos en el colegio y era primer día de clases, los profesores el decían: haber Paty qué has hecho por las vacaciones y mis amigas contestaban: yo fui a la playa, me fui a Disney me fui aquí me fui allá, pues cuando se acercaba mi turno más o menos faltaban una o dos personas, yo pedía permiso para ir al baño y calculaba que ya haya pasado mi turno para regresar al salón y no hablaba, ésa era yo.

Si en algún momento tenía qué hablar, me palpitaba el corazón tartamudeaba, temblaba, era terrible, me ayudó muchísimo superar esto cuando yo comencé a ir a grupos de apoyo de sobrevivientes de cáncer de seno, entonces cada una contaba su experiencia, contaba como se sentía, era un refugio, nos reuníamos una vez al mes, el grupo se llamaba "Fe, Amor y Esperanza" y en realidad cuando tú eres un paciente de cáncer tratas de que a tu alrededor la gente no se preocupe por ti, tratas de hacerte el fuerte, pero el hecho de ir a este grupo de apoyo era un sitio donde tú podías llorar, gritar lo que tú quieras y nadie te iba a juzgar, y yo creo que ahí comencé a perder el miedo hablar en público y no tener miedo de decir las cosas, total podía decir lo que fuera, no sabía si moriría mañana, así que perdí el miedo. Participé en varios retiros de sobrevivientes también en los que aprendí muchísimo, participé del yoga de la risa, me convertí en un instructor del yoga de la risa, eso me gustó bastante y me ayudó mucho. Yo trabajaba para el condado y muchas veces hacía las terapias del yoga de la risa con mis compañeros de trabajo.

Luego me invitaron a ser parte de una Fundación que se llama Renacer, que trabaja con pacientes y sobrevivientes de todo tipo de cáncer y soy miembro del Directorio

Entonces comencé a hacer cosas que yo antes ni me imaginaba que podía hacer, y este libro es una de esas cosas que jamás se me cruzaron por la mente, pero que un Angelito me presentó como un proyecto súper interesante y me facilitó el proceso.

Muchas personas me hablaban de que uno se tenía que desarrollar, aprender de desarrollo personal, yo pensaba: yo tengo mi experiencia, qué más voy a desarrollar. Pero yo me di cuenta de que el desarrollo personal es como una adicción, es como que tu vas al gimnasio y comienzas a sentirte bien y comienzas a ver tus six pack que comienza a aparecer, entonces vas más al gimnasio y vas más al gimnasio y quieres más y más y más, pues lo mismo me pasó a mí cuando di el primer paso de lo que es aprender, conocerse uno mismo, aprender cómo darse a los demás, ahorita estoy llevando un curso de Eneagrama, y estoy estudiando para ser Coach Ontológico, acabo de terminar el curso del Secreto, me volví una adicta a cursos para aprender y eso lo he descubierto hace muy poquito.

Al llevar los cursos y aprender cosas nuevas, me dan ganas de compartir lo que estoy aprendiendo con más personas, porque pienso que lo bueno se comparte, y trato de presentar lo que aprendo de una manera simple y dinámica, organizando reuniones e invitando a quienes estén dispuestos a escuchar y aprender. Pienso que si uno no comparte lo que sabe, se estanca, no crece y las cosas no fluyen.

Cuando yo terminé el tratamiento de quimioterapia y terminé todo este proceso quedé bastante inflamada por la quimioterapia y estaba unas cuantas tallas más de lo que era antes del cáncer y de lo que estoy ahora y super cansada, no tenía energía para nada y mi prima me sugirió que consumiera unos productos, estos típicos productos que te dicen esto te da energía, te hacen bajar de peso, bla, bla, bla y yo pensaba: no hay forma de tomar eso.

Ella siempre me lo ofrecía, pero yo no le prestaba atención. Hasta que un día después de subirme a la balanza dije: estoy pesando dos kilos menos que cuando estaba a punto de dar a luz a mi primer hijo y no tengo ningún bebe en mi barriga, así que yo creo que tengo que hacer algo. Llamé a mi prima y le dije: ya estoy lista, dime qué tengo qué hacer, total tengo 30 días de garantía, si no me gusta, lo devuelvo y me devuelven mi dinero. Me dijo: bueno para lo que tú estás buscando, necesitas esto y esto, armamos un paquete, y lo pedí, me llegó la caja, saqué cita con mi oncólogo porque como sobreviviente no puedo tomar cualquier cosa. Aparte de que mi oncólogo cuando yo estuve en tratamiento no me dejó tomar nada por más natural que fuera, mi hermana me dijo que tomara cartílago de tiburón, porque eso te sube las defensas. Mi doctor dijo que no, también me recomendaron magnesol, y el doctor no me dejó consumirlo.

Nunca me permitió tomar nada, yo dije bueno, si me dice que no lo tome, lo devuelvo. Voy con mi caja llena de pomos y cosas y le digo: doctor, quiero saber si puedo tomar esto. Me preguntó el motivo que tenía para querer tomarlos y le expliqué que me ayudarían a nutrir mi cuerpo, a bajar de peso y que me darían más energía. El comienza a leer, me mira y me dice, si tú has traído estos productos para asegurarte que no te vas a morir si los tomas, no te preocupes, no te vas a morir, si tú me preguntas si vas a lograr los objetivos que estás buscando, no lo sé, así que, si tú quieres gastar tu dinero, eres libre de hacerlo. Salí contenta con mi caja y comencé a usar los productos y de verdad comencé a obtener resultados muy buenos. Mi prima me decía: ¿te gustaría tener los productos pagados para que no salgan de tu bolsillo? Pero no me interesó, solo quería lograr mi meta y ya, pero resultó que me enamoré de los productos y de cómo me hacen sentir, además que cada vez sacan más productos y cada uno es mejor que el otro.

Comencé a tener muy buenos resultados y la gente comenzó a preguntar, ¿qué estás haciendo? te veo con más energía, estás bajando de peso y les daba el teléfono de mi prima. Entonces ella me comenzó a armar un equipo, a veces yo recibía dinero, entonces ya no tenía que pagar los productos que yo consumía y así pasé cinco años.

Una persona que conocí hace muchos años me sugirió que vaya a un evento de Tony Robins y dije: ¿por qué no?

Y me fui con ella, fue un evento increíble, y de verdad se lo agradezo. Descubrí muchísimas cosas en mí que no sabía que existían. Eso fue en marzo del 2019 y luego en julio, mi prima como todos los años me dice: por qué no vas a la celebración de esta empresa para que veas lo que es, para que conozcas a los dueños, ella siempre me invitaba y yo todas las veces tenía alguna excusa. Tú sabes que el peor enemigo de cada persona son las excusas, ya con la mentalidad de Tony Robins decidí ir, a pesar de que mi suegro estaba en casa y quería que lo regrese a Lima, pero le di prioridad a la celebración.

Entre todas las presentaciones y todo lo que escuché, todos decían que uno debía tener una visión, entonces todos hablaban de su visión, yo quiero esto, yo quiero lo otro, y cuando ellos hablaban, yo me preguntaba ¿cuál es mi visión?, ¿qué quiero yo? Yo no sabía, y una noche estaba durmiendo cuando todavía estaba en Tennessee en la celebración, y me desperté pensando:

¡Ya sé cuál es mi visión! Yo soy bien rebelde y aquí en Carolina del Norte hay muchas mujeres latinas de muchas partes, que viven a la sombra de las parejas y las parejas son bastante machistas y les dicen: tú no sabes manejar, tú no sabes inglés, para lo único que sirves es para quedarte en la casa, cuidar los hijos y no sé qué y no sé cuánto, entonces, si bien es cierto algunos no abusan de ellas físicamente, sí lo hacen emocionalmente.

Yo conozco muchas personas que no creen en ellas mismas, que su autoestima esta por el piso, y pensé: mi visión es compartir esta herramienta con estas mujeres para que comiencen a creer en ellas mismas, que vean que al cambiar físicamente y al tener más energía son capaces de lograr eso y mucho más, que pueden ayudar a sus amigas, familiares, vecinas y a muchas personas. Además, que puedan tener la capacidad de hacer un negocio y ganar dinero sin ayuda de la pareja y si quieren dejar a la pareja e irse con sus hijos, puedan mantenerse solas, que tengan la libertad de hacerlo.

También veo muchas parejas mexicanas que trabajan muchísimo trabaja mamá y papá para vivir aquí para mandar el dinero a México y como esta compañía tiene presencia en México entonces yo quiero enseñarles que ellos que les enseñen a pescar a sus familiares allá para que ellos acá no tengan que mandarles el pescado, es decir, en lugar de mandarles dinero, les enseñan a hacer el dinero ellos mismos, y se apoyen mutuamente porque aquí se trabaja en equipo, lo que hacen aquí, beneficia a los que están allá y viceversa, siempre y cuando cuenten con la membresía internacional que es totalmente accesible y puedes tener equipo en 26 países.

Esa fue mi visión, eso fue en el 2019, en ese año fui a esa celebración y ya regresé con una mente totalmente distinta, comencé a trabajar en mi equipo, ya no le mandaba las personas a mi prima. Ahora estoy en el proceso de poder llegar a ese grupo de mujeres, pero en todo ese proceso cuando yo regresé y comencé a leer un poquito más, a ver un poquito más de vídeos, comencé a ver que en realidad somos nosotros los que ponemos las excusas de que no podemos, y debemos de cambiar esas creencias/pensamientos.

Somos capaces de lograr todo lo que podemos imaginar.

Al regresar de la celebración comencé a compartir el programa, los productos y la oportunidad que ofrece la Compañía. Decidí compartir con distintas personas que querían bajar de peso, conocer el negocio y/o probar los productos.

Algunas de ellas eran personas que no creían en ellas mismas, estaban deprimidas, con problemas de autoestima. Ellas, al probar los productos me decían que estaban encantadas y a otras que se les dificultaba hacer el programa al pie de la letra. Algunas me preguntaban qué clase de ingredientes contenían los productos porque sentían que cada vez querían consumir más, yo les explicaba que los productos son tan buenos que el cuerpo quiere más. Entonces comenzaron a ver resultados, disminución de peso, de medidas, de tallas, aumento de energía, estaban menos deprimidas, se sentían contentas con lo que veían en el espejo, comenzaron a quererse y gustarse más, tal y como a mí también me sucedió en su momento.

Me satisface ver cómo puedo ayudar a las personas a verse, sentirse y vivir mejor, a encontrar algo en ellas que no conocían y que además ellas pueden ayudar a otros a hacer lo mismo. Los cambios dependen de cada persona, de su compromiso y ganas de lograr sus metas, yo solo les comparto lo que me funcionó a mí y apoyo en lo que puedo para que logren sus objetivos. Considero que solo soy el mensajero que da a conocer algo que te puede cambiar la vida, el mensaje es lo más importante. Y la Comunidad es increíble somos demasiadas personas que nos ayudamos unas a otras en todo momento, nos sentimos como una segunda familia o inclusive como la familia que muchos no tuvieron.

Mi visión sigue siendo la misma, quiero ayudar y compartir. Actualmente tengo 4,193 personas en mi red, de las cuales 102 son directas mías, y cada vez comparto este regalo con más personas. Cabe mencionar que aunque aún no he llegado al lugar que me gustaría haber llegado, me considero exitosa porque durante mi jornada he ayudado a muchas personas a lograr lo que muchas nunca imaginaron que podían lograr.

Recibí una invitación para compartir la historia con un grupo de mujeres de mamás solteras, poquito a poco estoy dando a conocer mi historia para incentivar y demostrar que si se puede, no importa cuál es la experiencia que te toca vivir, con Fe y con una actitud positiva, todos podemos lograrlo.

Yo, en este tiempo he descubierto muchas cosas, siempre estoy llevando cursos, constantemente veo videos. Reservé en agosto el salón de un hotel para hacer una presentación de lo que yo hago con la empresa, y al final, por algún motivo no lo pude hacer y quedó pendiente, porque lo dejé pagado y pensando sobre la presentación que tenía pendiente, decidí que no quería hablar de la empresa y de los productos solamente, entonces el sábado 4 de diciembre hice una presentación que se llamó resoluciones 2022. Quise hacer la presentación porque escuché unos videos que me dejaron de tarea en uno de los cursos que estoy llevando y me gustó mucho, entonces quise compartirlo. Todos tenemos resoluciones, pero no necesitamos que termine un año para hacerlas, no tiene que ser el principio de la semana, puedes comenzar un jueves, a mediados de mes, etc. Quería hablar de eso, de la importancia que hay en mantenerse firme porque el común denominador de personas a la tercera, cuarta o quinta semana que comienza ya se olvida de las resoluciones. Si trabajamos juntas en la misma oficina, y yo quiero comer más saludable y una compañera también quiere comer más saludable, entonces podemos coordinar: esta semana yo traigo la ensalada y ella trae la proteína y la próxima semana cambiamos, así que, si yo quiero comprarme un McDonalds, no puedo porque tengo un compromiso con ella, es mucho más fácil hacerlo en comunidad.

También hablé de que a veces las metas nosotros las hacemos muy lejanas y no nos damos cuenta de que tenemos que festejar cada vez que nos acercamos a ellas, si tú haces eso ya estás festejando que estás cerca, cada paso que avanzas es un logro. Si tú estás con ese ímpetu para llegar, el camino se te hace más fácil. Pero si tú te pones a pensar en cuanto te falta para llegar, se te van las ganas y ya no lo quieres hacer.

Hablé de qué es lo que necesitan, hablé de alternativas, de soluciones y hablé de los productos, cómo tener dinero y de verdad fue la primera vez que hice una presentación mixta de los productos y la empresa y de coaching y desarrollo personal, y superó mis expectativas y las expectativas de los demás. Algo que llenó mi corazón de alegría fue que mi esposo estuvo allí y me dijo: te felicito, no esperé que fuera así la presentación.

Si tu no crees en ti no puedes avanzar, y para creer en ti, tienes que saber quién eres, no te lo va a decir ni tu mamá, ni tu papá, ni el párroco de la iglesia. Eso lo tienes que buscar dentro de ti.

Éste es un cuento que compartí en la charla: había una mujer que estaba

agonizando y cuando llegó al cielo le preguntaron: ¿Quién eres? Ella respondió:

¡Yo soy coach! -No te pregunté qué haces, sino quién eres.

Entonces la mujer dijo: Soy la esposa de Andrés y le respondieron: no te pregunté quién es tu esposo, te pregunté quién eres. -soy la mamá de Juan, dijo ella. -No te pregunté quién es tu hijo.

¡Soy la secretaria de la compañía! -dijo ella, y le respondieron: obviamente no estás preparada.

Cuando ella regresó y sanó, recordó eso y dijo: realmente tengo que descubrir quién soy.

Yo les decía a las chicas: yo soy Ana María, esposa de Willy, mamá de ... pero, realmente ¿quién soy? Soy una creación divina que le gusta compartir lo que le funciona, que le gusta hablar como una lora, me siento un instrumento que Dios utiliza para decir, o escribir lo que alguien necesita escuchar o leer, eso es lo que soy, yo no soy la esposa, ni la hija. Yo soy la que tiene ganas de hacerte reír, de ayudarte a encontrar un mejor camino. Una vez que tú sepas quién eres, tienes que saber a dónde vas, si tú no sabes a dónde vas no puedes aprovechar las oportunidades. Es como si tu estas en un velero que está en medio del mar esperando que venga el viento y cuando llega una ráfaga de viento, lo único que vas a tener es miedo de voltearte porque no sabes dónde vas y no puedes acomodar las velas para llegar a tu destino. Pero si tú sabes a dónde vas, moverás las velas para llegar más rápido a dónde quieras llegar.

El consejo que les puedo decir es que se quieran ustedes mismas, que piensen en ustedes, que no crean que pensar en ustedes es egoísta, el pensar en ti va a darte la capacidad de hacer más por los demás, creer en ti misma, te ayudará a crear, puedes ser el ejemplo para muchas personas. El avión, el coche, todo existió en la mente de alguien, recuerda que lo que crees, lo creas y de tanto creerlo lo haces realidad.

Leí una vez que le preguntaron al hijo de Walt Disney: ¿qué sientes de que tu padre haya muerto antes de la inauguración del parque de diversiones y no haya visto su sueño realizado? A lo que él respondió: Mi papá lo creó, y lo vio mucho antes de que ustedes y yo lo hayamos visto, existió en su mente y lo hizo realidad, yo creo que mi papá está satisfecho por lo que hizo.

Tenemos que darnos palmaditas en la espalda todos los días, mirarnos en el espejo y decirnos, ¡Te Amo!, ¡SI puedo! A todos nos pasan cosas buenas y otras no tan buenas, pero lo importante es que aprendamos la lección que nos da la vida, para que sigamos creciendo y poder avanzar. Miremos Siempre el lado positivo, porque TODO tiene un lado positivo y un lado negativo, dependerá de ti en cuál pones tu atención. Debemos de ser conscientes que, si no aprendemos las lecciones a la primera, vamos a repetir la lección las veces que sea necesario hasta que la aprendamos. Seamos Agradecidos por lo mucho y por lo poco, por lo bueno y por lo no tan bueno, porque cuando agradecemos y nos llenamos de agradecimiento no dejamos espacio para lamentarnos y alejamos todo lo negativo. Hagamos las cosas con Amor y desde el Amor, porque es la única manera que existe para que hagamos el bien a nosotros mismos y a los demás, con Amor y de la mano de Dios, nada es imposible.

Amate, respétate y decide ser feliz. Disfruta lo mucho que tienes y no sufras por lo que poco que te falta. Vive intensamente cada instante porque de lo único que puedes estar seguro es que ese momento que acaba de pasar jamás regresará.

Ana María Salazar
AMS Solutions
919-761-3395
Chocoanahealthylifestyle@yahoo.com

Griselda Guzmán

Mi historia comienza en un pueblo mágico llamado Cuautitlán, Jalisco México, un 23 de octubre de 1967 donde fui bautizada con el nombre de pila de Griselda Sahagún Corona.

Tuve la fortuna de nacer aun en casa con la comadrona al igual que el resto de mis 9 hermanos, siendo la menor de todos. Nací en una Familia conformada por Papa, Mama, 3 hermanos y 6 hermanas. Una familia grande, muy común en esos tiempos y con costumbres muy tradicionales.

Papá proveedor, dedicado a la siembra y Mamá, ama de casa dedicada al cuidado de los hijos. Fuimos criados en contacto directo con la naturaleza, donde se podía respirar aire puro y sentir la libertad de desplazarnos a cualquier lugar.

A mis 2 años de edad, nos movimos a la ciudad de Guadalajara, Jalisco México gracias al esfuerzo de mi hermano mayor con la intención de que toda la familia pudiéramos tener un mejor estilo de vida. Mis Padres soñaban con darnos mejores oportunidades de estudio y pudiéramos prosperar.

En la ciudad la vida era muy diferente comparada con la del campo, todo era más apresurado, más carros, más estrés, más smog, etc.

Papá cambió el campo por un trabajo de obrero y mamá con más desespero de llevar a todos a la escuela a un mismo tiempo.

Fue muy difícil la adaptación de este nuevo estilo de vida para todos.

Anduvimos de ambulando en un sin número de viviendas hasta por fin tener una casa propia. Una vez instalados en la colonia empecé a ir a la escuela a los 5 años, directo al primer grado de primaria.

La escuela era muy divertida para mí, no la tomaba en serio, era muy alegre e inquieta y recuerdo que traía a la maestra muy agotada todo el tiempo. Después del segundo grado la escuela se convirtió en un lugar no muy agradable para mí, no tenía interés en el estudio ya que solo me gustaba jugar.

En mi infancia tuve muchos problemas de salud, desde mi digestión hasta problemas muy severos de Amigdalitis. En ese tiempo una de las medicinas más recetadas por los médicos eran los Antibióticos. Así que tomaba largos tratamientos para mejorar las infecciones.

El abuso de estos medicamentos hizo que mi sistema inmune se hiciera más débil, produciéndome problemas con mis dientes y huesos, que a los 10 años se me diagnostico fiebre reumatoide como efectos secundarios.

Dentro de las limitaciones que tenía, era el no poder salir a jugar con mis amigos del barrio como cualquier niño en esa época, como correr, caminar descalza, tomar helado, ya que siempre los cambios de clima me producían fuertes infecciones y temperaturas muy altas donde tenía que estar la mayor parte del tiempo en cama.

Mi abuela y mi madre siempre buscaron remedios caseros, hierbas medicinales, aceites, etc. para aliviar los síntomas de una manera alternativa. Cada vez que tenía problemas de garganta era un remedio nuevo que hasta me asustaba probarlos. Una de las soluciones a mis grandes males fue la homeopatía, que era una práctica muy común en el área donde vivía. Los famosos "chochitos" que para mí fueron mágicos en ese tiempo ya que su efecto era rápido y aliviaba mis malestares.

Debido a los problemas de Salud que siempre me aquejaban, opte por enrolarme en el bachillerato en las áreas medicas para conocer el funcionamiento del cuerpo humano, tomando materias desde anatomía, fisiología, primeros auxilios entre otras y así poder encontrar soluciones para sanar.

Encontré el gusto en esta área de la salud y entre a la Universidad de Guadalajara cursando la Licenciatura de Ciencias Biológicas en el año de 1985 al 1989. Esta carrera me llevo a conocer el medio ambiente, el mundo mágico de las plantas, los animales, los ecosistemas y la relación entre ellos.

Fue algo fascinante entrar en conexión con la Madre Tierra y profundizar en su latir ya que teníamos practicas muy frecuentes a la naturaleza como bosques, ríos, lagos y playas.

En estos viajes también conocí mucho de la cultura de México ya que tuve la oportunidad de viajar a varios estados de la República Mexicana.

Los viajes siempre fueron una aventura para mí, era compartir tiempo con mis compañeros y aprender de mis maestros y del medio ambiente. Me enseñe a respetar y honrar la Naturaleza y como cada criatura tiene una forma, una estructura y un ciclo de vida. Desde un microorganismo, planta, insecto hasta el ser humano.

Concluí mis estudios de Universidad realizando mi tesis en un centro de investigación en la ciudad de Guadalajara y de ahí trabajé en varios proyectos relacionados con mi carrera, pero ninguno fue permanente.

Emigré a los Estados Unidos en 1993 con la intención vacacionar y a la vez de visitar parte de mi familia que ya estaba establecida en este lugar.

Sentí que Los Ángeles, California me dio la bienvenida porque algunas cosas fluyeron muy rápido, me enrolé en la escuela por las tardes para aprender inglés como segundo idioma, también empecé ayudar a mi hermana a limpiar casas, aunque ese trabajo no era de acuerdo con lo que yo estudié, pero era digno de recibir un sueldo mientras empezaba acoplarme a un nuevo estilo de vida.

Al principio de mi llegada solo me interesaba conocer este país, pero todo se fue dando y poco a poco me sentí que estaba en casa, y así fui buscando nuevas oportunidades de vida.

Empecé con muchas metas y sueños por cumplir, como retomar mis estudios y trabajar en un lugar de acuerdo a lo que yo había estudiado en México, pero hubo muchos obstáculos, desde el idioma, costumbres, cultura que tenía primero que adoptar.

Una de las cosas más difíciles fue enfrentar el frio extremo de la temporada de invierno ya que conllevaba a desarrollar los síntomas de infecciones en la garganta y por consecuencia paralizarme de mis actividades diarias.

El no tener acceso a una aseguranza médica y no poder obtener mis famosos "chochitos" homeopáticos como los conseguía en México me aterrorizaba. Ese miedo me forzó a buscar nuevamente alternativas naturales.

En 1997 me enrolle en una compañía de productos naturales que prometía "la cura" o el apoyo que yo necesitaba. A la misma vez solicite trabajo en una fábrica de vitaminas en el área de producción.

Conocí el mundo de las vitaminas desde dos puntos de vista: en el área de manufactura y en el área de ventas como miembro activo.

Empecé a tomar clases y seminarios acerca de las plantas, sus usos y aplicaciones, así como incluir varias de ellas en mi dieta diaria.

En el 2003 se me ofreció tener mi negocio propio de tiempo completo. ¡Era una oportunidad de oro! A pesar de que era muy atractiva, fue una decisión muy difícil de tomar ya que tenía un trabajo estable que no podía dejar de un día para otro, una familia que atender, esposo, un hijo de 3 años, más la bendición de apoyar a mis padres.

Me sentí en una encrucijada porque por un lado era "El negocio de mis sueños" algo que siempre quise hacer, pero era mucha responsabilidad dejar mi trabajo que era seguro y aventurarme a comenzar algo nuevo, que no sabía si iba a funcionar o no.

Consulté con mi corazón y a pesar de varias disyuntivas acepté y con la ayuda de mi hermano mayor, empezamos esta nueva aventura. A los tres meses me despidieron de mi trabajo estable y eso hizo que me dedicara cien por ciento a lo que hoy amo tanto hacer.

En el 2004 comencé mis estudios formales de Certificación en Salud Natural y Emocional con el Doctor De la Torre. También se me dio el regalo de conocer la técnica de sanación de Reiki, que hasta el día de hoy practico. Se empezaron abrir puertas al éxito, tanto en el área económica, como del aprendizaje.

El tener mi propio negocio me dio la libertad de organizar mejor mi tiempo, invirtiéndolo en el desarrollo del multinivel de la compañía, así como formando y capacitando grupos. También podía estar más al cuidado de mi familia como llevar a mi hijo a la escuela, convivir más con mis padres y en general desarrollarme como toda una empresaria.

En el 2005 fue mi primer viaje a Europa en un crucero al Mediterráneo con todos los gastos pagados, en un programa llamado "TOP ACHIEVEMENT" que se realizaba cada año para agradecer a los lideres que se destacaban a nivel Nacional. ¡Ahí estaba yo! "Codeándome" con los grandes.

Mi familia era mi mejor equipo ya que mis padres eran quienes me ayudaban a cuidar a mi hijo para ir a trabajar en mi Negocio y especialmente cuando salía de viaje.

Así logre viajar a diferentes países como China, Rusia, Alemania y en un crucero al Caribe entre otros con todos los gastos pagados más incentivos por mis ventas.

La compañía también realizaba una "Convención Nacional" anual donde podía llevar a mis padres, algunos de mis hermanos y así todos gozábamos de unas hermosas vacaciones como familia a diferentes ciudades dentro de los Estados Unidos.

Uno de los objetivos de entrar en este negocio también fue para mejorar mi salud y encontrar soluciones a mis viejas enfermedades. No solo encontré Alternativas Naturales como vitaminas, plantas medicinales, aceites etc., sino todo un Mundo Mágico de oportunidades para crecer como empresaria, nutrirme y sanarme al igual que poderlo compartir con personas que también estaban buscando diferentes alternativas de sanación a sus males.

Descubrí que la sanación no solo era estudiar el cuerpo humano y sus desbalances, era encontrar una Armonía en el Cuerpo Físico, Mental, Emocional y Espiritual. Este negocio me dio la satisfacción de poder ayudar a muchas personas a mejorar no solo su salud física si no también económica.

Cuando pensé que todo fluía bien, empecé a tener conflictos personales y en 2008 me vi obligada a dejar el negocio de mi vida. Se lo traspasé a Margarita García que me ayudaba a trabajar en ese momento, era un sueño para ella y una oportunidad para mí de que no se perdiera este negocio en la nada o con personas que no lo supieran trabajar. Hasta la fecha Margarita maneja este negocio a la perfección y eso ha sido una satisfacción muy grande porque ella ha crecido mucho en conocimiento y experiencia en esta rama.

Por otro lado, fue muy devastador ya que el Negocio estaba en su "Mejor Momento", en un Éxito total, pero igual que cuando empecé, tuve una corazonada y sabía que era el momento de dejarlo. Casualmente un par de meses después fue cuando Estados Unidos entro en una recesión y al final me di cuenta de que mi corazonada era real y por lo tanto fue la mejor decisión que tomé.

Al perder este negocio, no solo perdía un lugar de trabajo donde promocionaba mis productos y terapias sino también se perdían clientes, fama y sobre todo los viajes en familia que fue lo que más extrañe.

Me quedé con una pequeña oficina en otro lugar donde hacia las reuniones de grupo y empecé a trabajar otras compañías de multinivel a la par. Me sentía deprimida, pero sobre todo cansada ya que la rutina que tuve por cinco años fue muy agobiante y agitada.

Sentí que entre en un letargo emocional donde tenía que digerir todo lo dejé, eso me dio la pauta para buscar ayuda en la parte espiritual, ya que con tanto trabajo no había dedicado tiempo de calidad a estos estudios.

Retomé el camino de la espiritualidad ya que había terminado mi Maestría de Reiki desde el 2006 y decidí dedicar los viernes por las tardes para hacer reuniones que les llamé "Círculos de Reiki" como un servicio social a mi comunidad. Empecé a dar clases y charlas para ayudar a las personas a orientarlas en un mejor estilo de vida, tanto en el área emocional y espiritual.

En el 2010 junto con mi gran amigo Ángel Castillo, inauguramos un nuevo espacio donde compartiríamos juntos el placer de ayudar a las personas tanto con productos naturales y diferentes Terapias Alternativas.

¡Aquí iba de nuevo! con muchas ilusiones de triunfar nuevamente en el ámbito de las ventas. Desafortunadamente no fue igual que cuando estaba en mi primer negocio ya que tenía más compromisos con mi hijo en la escuela, mis padres también ya estaban mayores y necesitaban más cuidado y atención. Tenía una y mil responsabilidades que no pude dedicar el tiempo para emprender el negocio como yo hubiera querido. Aun así, seguí preparándome, tomando cursos, clases, charlas de salud, espiritualidad y lo que sentía que me podía ayudar.

En 2012 llego a mi vida una nueva herramienta llamada Numerología Astral, que me abrió puertas a un conocimiento más profundo del Ser y que podía combinarla con todas las terapias alternativas que ya manejaba.

Era increíble de saber cómo la fecha de nacimiento encerraba tantos misterios y se podía describir exactamente a una persona tal cual es, desde su esencia, personalidad y ciclos de vida, siendo también un sistema matemático perfecto.

Nuevamente el 2014 viene otra separación de mi socio, mi gran amigo emprende su propio negocio en otro lugar y me quedo con la disyuntiva de seguir sola con el negocio o de una buena vez renunciar hacer lo que más amaba.

Los caminos se dividían y tome la decisión de seguir sola, con el miedo de no poder solventar los gastos del negocio por mi propia cuenta, pero al final tome el riesgo.

Mi hijo ya era un jovencito, tenía clases de tutoría donde podía recogerlo más tarde. Mi Padre había fallecido un año anterior y a mi Madre le fascinaba estar conmigo en el negocio. Las cosas no eran fáciles, pero valía la pena intentarlo.

En ese tiempo mi Madre se convirtió en mi mejor compañera ya que la llevaba a todos los estudios y clases que tomaba. Ella le dio un toque especial a mi negocio convirtiéndose en mi guardián, en la "Mami" del grupo y en la "Tía" de todos por su carisma sinigual. Era un gusto ver el amor que le tenían y a la vez ella siempre los bendecía y les hablaba de sus experiencias. Fue un gran ejemplo a seguir por su tenacidad y sobre todo por sus ganas de vivir la vida al máximo.

Todo empezó a fluir muy bien y los grupos de Reiki se fueron expandiendo tanto en California como en México, formando nuevos Maestros Reikianos.

Una de las satisfacciones más grandes de mi vida ha sido ser la pionera de estas enseñanzas de Reiki en mi Familia, siendo yo la más chica de mis hermanos y tener el honor y el respeto de ser la "Maestra" y poder "Sintonizar" en la Maestría de Reiki a cinco de mis hermanas y de mi bella Madre.

En el 2016 fue uno de los mejores años a nivel espiritual, ya que se iniciaron más 15 Maestros de Reiki, sintiendo una gran satisfacción de ayudar a despertar la conciencia a través de estas enseñanzas.

En la actualidad Griselda Guzmán representa al Centro Holístico llamado "Centro Yo Soy Nutrición y Salud" ubicado en la Ciudad de North Hollywood California, que cuenta con dos salones.

Uno donde se maneja la Naturopatía, Plantas medicinales, Homeopatía, Vitaminas y Minerales. Utilizando Métodos de valoración como la Iridología, a la vez que se aplican técnicas como la Psicoterapia donde la persona expone su sentir y su estilo de vida de una manera más amplia. Además de un espacio mágico para la práctica de terapias de energía de Reiki. Cuenta también con otro salón especialmente para clases, eventos y ceremonias.

Mi objetivo principal es trabajar con la Salud Integral, abarcando la Salud Física, Mental, Emocional y

Espiritual, ya que cuando una persona experimenta un desbalance o una enfermedad, no solo se debe ver como un órgano, sino se debe tratar como un todo, porque no puedes sanar el cuerpo físico si no se sana el Alma primero.

La definición de la Salud no es la ausencia de una enfermedad, sino la capacidad que tiene un individuo de estar en condiciones de superar una dificultad, pudiendo ejercer y desarrollar normalmente todas sus funciones vitales.

Hasta el momento continuo con mis estudios de Numerología y Astrología porque también son parte importante de mis herramientas principales que utilizo para apoyar a mis clientes ya que la fecha de nacimiento es un código que nos proporciona datos importantes para conocer la esencia, personalidad, el camino de vida y los ciclos en los que se están viviendo.

Con estas herramientas es ayudar al cliente a comprender ciertas experiencias que pueden estar provocando situaciones de incomodidad o enfermedad, ya sea física, mental, emocional o espiritual, apoyándolos a descubrirse a ellos mismos, desde su potencial, dones, regalos espirituales y hasta su propósito de vida.

La Terapia de Reiki ayuda principalmente a relajar a la persona llevándola a estados profundos de paz a través de la imposición de manos y soltar estados de estrés provocados por bloqueos emocionales, como resentimiento, culpa, etc. que pueden llegar a manifestarse en enfermedades.

A lo largo del camino del aprendizaje, es una satisfacción el poder usar todas las herramientas en una terapia completa. Es regresar a los principios de nuestra Naturaleza recordando que somos tres en un solo ser:

Cuerpo Físico: que necesita alimentos nutritivos en un balance perfecto entre proteínas, carbohidratos, lípidos, vitaminas y minerales.

Cuerpo Mental/Emocional: Es nutrirlo día a día a través de los cinco sentidos para que el pensamiento y las emociones fluyan sin estancarse en ningún órgano y pueden provocar una enfermedad.

Cuerpo Espiritual: Se nutre con la meditación, la oración y el contacto con la naturaleza.

En general es llegar a la raíz del problema integrando al individuo en un solo ser.

Mi mensaje para ti con mi experiencia es:

Que la vida es hermosa y maravillosa tal cual es. Está llena de retos y experiencias tanto buenas como desagradables, pero, aun así, es perfecta para cada uno de los seres que habitamos en este planeta.

A veces la vida nos presenta situaciones difíciles y dolorosas, pero necesitamos comprender que el dolor es importante para hacer los cambios en nuestro estilo de vida, más NO quedarnos en el sufrimiento o la victimización.

La única intención de vivir el dolor en cualquier etapa de nuestro caminar, es para templarnos y reconocer que somos vulnerables y a la vez que no podemos abusar de los demás cuando alcancemos la cima. Es trabajar el ego y la humildad.

He aprendido que el éxito no solo es llegar alto sino mantenerte ahí, además de poder ayudar y brindar la mano a quien está empezando hacer su mejor esfuerzo por conquistarlo.

El atender al público ha sido uno de mis mayores retos en este caminar ya que se invierte tiempo, recursos y esfuerzos y, aun así, algunos se irán pensando que no hiciste nada por ellos.

Igualmente hay personas que creen que pueden hacer un mejor trabajo que tú, ya que cuentan con certificaciones o cursos adquiridos a lo largo de su camino, mas no todos tenemos un "llamado".

Al igual habrá personas serias, calladas, introvertidas que resultan ser un grande apoyo como amigos, colegas y maestros en este camino de vida. También a pesar del esfuerzo o dedicación que tu pongas en tu trabajo habrá personas que lo aplaudirá, pero una sola cosa que hagas equivocada, igual te juzgarán o te señalarán.

Al final, el servicio a los demás no se desarrolla con el propósito de agradar a las personas que lleguen a ti, sino con un auténtico llamado, de lo contrario puede resultar muy frustrante el querer quedar bien con todos.

Si ayudamos a los demás con el único propósito de servir a pesar de las imperfecciones humanas, será una ocupación muy gratificante y satisfactoria.

La Constancia y la persistencia son lecciones que he podido aprender porque a pesar de los altos y bajos de la vida estoy en este camino ya por 18 años y sigo aprendiendo, enseñando, viajando y compartiendo lo vivido.

Recuerda que somos parte de un Universo maravilloso, donde Dios Padre, Madre, ya nos ha dado todo a manos llenas. Es tiempo de sacudirse la frustración, las lágrimas y quitarse los bloqueos que no dejan ver lo que por derecho Divino nos corresponde.

En resumen, todos tenemos un hermoso propósito de vida, el principal es ¡Ser Feliz!

Parte de mi propósito es el "llamado" a servir, lo cual me produce felicidad hacerlo. Cualquier sacrificio que se hace por ayudar siempre y cuando estén listos para ser ayudados, es como hacer las cosas de tu Padre porque El mismo te recompensará a manos llenas en prosperidad en todos los ámbitos de la vida.

Maité Quiñonez

Yo era una mujer agobiada por sus problemas, le creí a quien me dijo que en este país yo no era nadie, y dadas las circunstancias en las que estaba viviendo no podía mejorar, que no había manera vivir de manera diferente, que así era la vida, que la forma de sobrevivir era como todos lo hacían y que sola y con una hija iba a ser imposible vivir como yo estaba acostumbrada antes de llegar aquí, que no podía superar por lo que estaba pasando, en mi mente la posibilidad de cambiar mi realidad no era posible porque tenía a mi alrededor muchos ejemplos negativos y esa voz que me gritaba incluso que tenía que aceptarlo y seguir sobreviviendo como se pudiera, no como yo hubiera querido y era tan fácil vivir desanimada, frustrada y adaptada a mi triste realidad, porque me aleje de mi zona de confort, deje mi país, mi casa, mi comodidad, mi empleo, mi familia y todo a mi alrededor era diferente y me hacía sentir que fuera de eso yo no podía sola construir un futuro mejor para mi hija que solo tenía 11 años de edad.

Sufrí violencia doméstica, abuso verbal y amenazas de que nunca me dejaría tranquila mientras viviera en California, así que me mude a otra ciudad sin conocer a nadie, vivimos en un refugio para mujeres sobrevivientes de violencia doméstica y como yo no era residente no podían ayudarme mucho, solo un mes en con techo y comida, después de eso no tenía conocidos o a donde ir, mi situación era incierta y amenazaban con quitarme a mi hija si no encontraba una solución pronta a mi situación. Así que hablé con la única persona que hablaba mi idioma en la escuela, el señor de intendencia. Le platiqué mi historia y le pedí ayuda. Tenía miedo de pedir ayuda en la escuela y que me quitaran a mi hija, para mi fortuna el me ayudo a conseguir un lugar para vivir con un amigo suyo mayor de edad, nos fuimos a vivir a la cabaña de un buen hombre americano que nos llevaba y traía en un jeep amarillo hasta la ciudad para que mi hija fuera a la escuela, él se iba a trabajar y yo a buscar trabajo y a dormitar en el parque cerca de la escuela de mi hija.

Teníamos un lugar para dormir, pero no teníamos suficientes cobijas o almohadas, pasábamos frio, el piso de la oficina de este buen hombre era frio, estábamos viviendo en las montañas, así que tenía que conseguir cobijas y almohadas y una mañana le dije a mi hija que me esperara si tardaba en recogerla porque iría a conseguirlas; una niña que hablaba español empezó a conversar con mi hija, le pregunte en dónde vivía y me dijo que en un remolque pequeño con su mamá. Le pregunte si era difícil encontrar un lugar para vivir así, le pedí que le diera mi número a su mami para hacerle unas preguntas, me dijo que si y sin más, me fui.

Una mañana tenía tanta hambre, se me antojaba una rebanada de pan con mayonesa, no tenía dinero, no tenía a donde ir, estaba en el parque esperando a que mi hija saliera de la escuela y me regalara un trozo de galleta o algo de comer que me guardaba del desayuno que le daban en la escuela; no sabía a donde ir o con quien más hablar. Entonces decidí hablar con Dios y llorar, le dije cuanto deseaba comer y tener un lugar donde descansar segura, de pronto sonó mi teléfono y era la mamá de Nataly, la amiga de mi hija, ella fue muy amable; me ofreció unas cobijas y almohadas, grande fue mi sorpresa cuando no solo me dio cobijas y almohadas, también me ofreció pan, mayonesa y comida. Yo estaba tan feliz, podría hacerme sándwiches, no podía creer que justo eso me ofreciera Naty, así se llama la señora.

Cada mañana esperábamos en un café que estaba a unas cuantas cuadras de la escuela, ahí nos dejaba este buen hombre y después íbamos caminando cuesta arriba para que llegara temprano a tomar sus clases, esa mañana la señora Naty me pidió que pasara a verla, que tenía algo para mí. Le conté que llegábamos muy temprano y me ofreció que llegáramos a su casa para no pasar frio y poder dormir un rato en su sillón, entonces me dijo que podía si quería ir a trabajar con ella y ganarme 20 dólares. Yo acepte encantada, al fin podría comprarle a mi hija un pan y café que ella tanto deseaba en ese famoso café.

Mi tiempo se acortaba, una tarde nos quedamos sin un lugar para vivir, ya no podíamos estar en las montañas con aquel buen hombre, pues alguien le dijo que era peligroso que dos desconocidas vivieran con él, sobre todo porque mi hija era una niña y él era un hombre solo. Así que, para no comprometerlo, le dije que estaba bien y esa tarde no teníamos a donde ir después de la escuela. Me decidí a hablar con la secretaria escolar y ella nos llevó a un hotel en donde no quisieron recibir dinero en efectivo, el hombre se negó incluso cuando otras familias se ofrecían a pagar. Mi hija tenía hambre y frio, yo lloraba, teníamos pollo que nos había invitado la secretaria, pero no teníamos en donde dormir. Finalmente llame a la policía y el oficial me dijo que no podían forzar al hombre a rentarme una habitación y se ofreció llevarnos a un hotel de una amiga suya, mientras viajábamos en la patrulla, el oficial le decía a mi hija que no se preocupara, que si teníamos que dormir es su casa ahí dormiríamos, que él no nos iba a dejar desamparadas; también nos compró galletas y jugo.

En mi país podía ejercer mi profesión de manera particular o contratada por el gobierno, pero no era posible en este país, así que me convertí en una todóloga, podía lavar coches, autobuses, trailas o botes bajo el sol en el verano de 2014 y a pesar de las miradas incrédulas de los trabajadores, nunca me quejé. Saqué fuerzas de donde no creía que pudiesen surgir y aguanté sin quejarme frente a quien me dio la oportunidad de ganar unos dólares, invitarme una hamburguesa y llevarme a casa al terminar la jornada. Algunas veces el dueño del negocio simplemente me decía, es hora de llevarte a casa, ya fue suficiente para ti y yo, que sabía que mis brazos y manos no tenían más fuerza, solo asentía con un movimiento de cabeza y me subía a su camioneta sin hablar. No tenía energía para pronunciar una sola palabra, solo quería llegar a casa, abrazar a mi hija y descansar. También podía limpiar un departamento por 20 dólares.

La señora Naty me dio la oportunidad de trabajar con ella y lo más importante, me dio la confianza para convivir con ella y su hija, además me dejó formar parte de su grupo de amistades, que siempre buscaban la manera de ayudarme a conseguir una casa que limpiar o un trabajo digno.

Esta era yo, una víctima de las circunstancias, una mujer con poca fe y esperanza, sólo vivía un día a día, pero todavía no comprendía que podía todo ser diferente sin importar lo difícil que fuera la situación. Estaba tan insegura, no sabía cómo hacer que las cosas mejoraran, estaba aterrada, en especial porque no quería dejar sola a mi hija por muchas horas, no se trataba sólo de ganar dinero, se trataba de poder tener tiempo para cuidar a mi hija y pasar tiempo con ella, ayudarla con sus tareas porque ella estaba aprendiendo Ingles y necesitaba mi ayuda.

Aquí sufrimos hambre, frio, incomodidades, incertidumbre, pero mi destino no estaba escrito...

algo dentro de mí se negaba a aceptar por completo lo que estaba viviendo y me decía a mí misma: debe de haber algo más, otra opción, no puede ser que pase la vida así.

Llego la oportunidad de irnos a otra ciudad y cuidar de una pequeña niña de 7 años, llevarla a la escuela y pasar a recogerla. Dormiríamos en la sala del departamento de la maestra que me estaba dando el trabajo y me pagaría 250 dólares al mes, tendríamos techo y comida, podría llevar a mi hija a la escuela, a la pequeña y después salir a buscar trabajo.

Lo cierto es que después de dejar a las niñas en sus escuelas, caminaba por 45 minutos, llegaba al departamento y me dormía, no despertaba hasta que sonaba la alarma para recogerlas de la escuela, no me había percatado de lo que estaba pasándome, pero lo cierto es que estaba muy deprimida, así pase algunos meses, sin darme cuenta de que era lo que realmente sucedía.

No solo fui víctima de violencia doméstica, fui víctima de mis pensamientos por meses ...

Un día la profesora que me había contratado enloqueció de celos porque un muchacho nos invitó a mi hija y a mí a cenar. Llamó a sus amistades y se quejó amargamente. Yo no entendía porque se ponía así, pero lo peor fue cuando, muy molesta, me gritó que estaba harta de que yo fuera tan perfecta y que me tenía que ir de su casa. Lo triste es que me gritó enfrente de mi hija. Le dije que me iría, después me dijo que me tomara un mes y que la disculpara. Nunca he sido una persona rencorosa, pero sabía que no podía seguir ahí. Empecé a buscar y en el periódico una señora ofrecía un lugar para vivir y un salario bajo y comida a cambio de ayuda en su casa. Nos mudamos, era amable la señora, nos sentíamos extrañas en el pequeño cuarto atrás de la casa de la señora, pero por el momento estábamos bien; el problema fue cuando la señora me dijo que ella moriría pronto y que su esposo era un hombre sexualmente muy activo, así que necesitaba ayuda con él y que con suerte, si yo lo trataba bien, entonces me quedaría con su camioneta nueva, su casa, su bote y su esposo, cuando ella muriera. Obviamente salimos de ese lugar al día siguiente y afortunadamente un amigo que conocí en uno de los refugios y que fue el que me presentó a la maestra me ofreció su casa y nos fuimos con él 2 semanas.

Muy poco duro la estancia con el amigo que conocía más que a nadie, habíamos dormido en su casa, cuidado a sus niños antes, pero yo no encontraba trabajo en su ciudad y de la nada me dijo que le dejara sus llaves, esa fue su manera de decirme que nos teníamos que ir. Yo no entendía, cooperaba con las compras, invertí dinero en productos de limpieza, cuidaba a sus hijos en lo que encontraba trabajo, pero no sé qué pasó. Fue a visitar a sus familiares y cambió de opinión, tiempo después me enteré de que él dijo que yo era una floja, porque no tomaba cualquier empleo, pero no era eso, yo tenía una hija que cuidar, no podía tomar cualquier empleo.

Había conocido afuera de la escuela a un hombre mayor que yo, este buen hombre me invitó a desayunar un día, me presentó a sus amistades y me ayudaba a encontrar trabajos de pocas horas y podía llevar a mi hija, así que lo llamé y le conté mi triste historia, había vivido en 3 diferentes lugares en muy poco tiempo y tenía que mudarme una vez más.

Don Victor conocía a una señora que tenía niños y quizá podría ayudarme. Entonces la fuimos a ver. Edith era una señora filipina, alegre y muy amable que accedió de inmediato a ayudarme y me dio un lugar donde vivir, comida y un sueldo bajo. No podía creer que me estuviera pasando, por fin mi hija podría estar a salvo en un lugar en donde yo podía trabajar sin descuidarla.

Después de una semana Edith nos llevó al Foster Home que tendría en una ciudad diferente, ahí nos empezamos a sentir con mayor libertad. Don Victor nos visitaba, no pagábamos renta ni comida, teníamos una recamara amplia, también teníamos restricciones como no salir de noche, dormirnos temprano, lo cual me encantaba, en ocasiones dormía hasta 12 horas. Yo todavía no me había dado cuenta de que en realidad seguía en negación de mi realidad y deprimida, porque pese a que dormía muchas horas, si podía dormir durante el día también lo hacía.

Don Víctor pronto se convirtió en mi protector, mi amigo fiel y su esposa y familia me recibieron con cariño. Me consiguió un trabajo en el que tenía que cuidar a una señora mayor, el dueño de la casa y amigo de la señora que cuidaba se convirtió en mi amigo, salimos por un tiempo y después nos casamos.

Me di cuenta de que a la mayoría de la gente le importaba más el dinero y los beneficios que tu puedas proveerlos que la amistad y el amor.

Cuando vivía con la maestra empecé a ver un video que hablaba sobre mentalismo, vi ese video durante quizá seis semanas, trataba de entenderlo, en ocasiones hacia anotaciones y sin darme cuenta todo lo que estaba viviendo lo atraje a mi vida, lo bueno y lo malo.

Yo quería estabilidad y la atraje, quería un trabajo en donde mi hija pudiera acompañarme, quería la libertad de llevarla a la escuela y traerla, poder asistir a sus eventos, pasar la tarde con ella, ayudarle en sus tareas y regresar a casa juntas, incluso poder viajar, disfrutar nuestros fines de semana; todo lo atraje, porque eso era lo más importante para mí, estar al pendiente de ella, de su educación.

La crisis mayor llegaría poco después de mi primer año de matrimonio; enfermé tanto, estaba estresada, triste, afligida, no podía comer ni un bocado sin que me hiciera daño, mi estomago no retenía la comida, pasaba días solo tomando te de manzanilla y helado de vainilla, me sentía tan deprimida e infeliz, mi cuerpo estaba resistiendo todo lo que yo no podía expresar con palabras, no me sentía valorada, no me sentía amada, me sentía que no era suficiente, las personas que estaban a mi alrededor pensaban que, por el trabajo que desempeñaba y lo poco que ganaba no valía, que el auto que manejaba era viejo y que no tenía suficiente dinero.

Empecé algunos negocios, me robaron algunos miles de dólares, me esforzaba por demostrarle a mi esposo y a la gente que yo iba a hacer algo diferente, que lograría tener más dinero, que alcanzaría una posición mejor, sin importar el dinero y las mentiras que me costara. Terminé muy endeudada, me creí la mentira de que ese negocio era lo que yo quería, la gente me usó solo para escalar una posición y al final me dejaron sola, así que al final terminé frustrada y muy endeudada.

Mi economía estaba muy mal, debía mucho dinero, en ocasiones no tenía dinero ni para ponerle gasolina a mi auto, seguía pidiendo préstamos para pagar otras deudas y eso me ocasionó también mayores problemas y stress.

Nunca dejé mi trabajo cuidando a los niños especiales y eso me ayudaba a seguir sobreviviendo de alguna manera, me ayudaba a pagar pequeñas deudas y los recibos de gas, teléfono e internet por lo menos.

Llego un punto en el que ya no podía más. Decidí alejarme de la gente que sólo tomaba ventaja de mí, tomé un respiro y me alejé de los negocios y la gente tóxica. Acepté que no era feliz y me enfoqué en lo realmente importante; sanarme, salir de deudas, buscar mi camino, encontrar mi paz, mudarme a mi propio espacio, mantenerme saludable, hacer ejercicio, amarme, valorarme, disfrutar de mi compañía y de la de mi hija.

Acepte las cosas que no podía cambiar sin reclamos. Claro que lloré mucho, claro que me deprimí, pero también lo entendí y lo agradecí al final.

¿QUÉ RETOS ENFRENTÉ?

El primer reto fue ACEPTAR que no estaba bien, que las cosas que estaba haciendo no me daban una satisfacción real, que no me sentía plena ni feliz. Aceptar que no estaba bien en mi vida no era el problema, el problema era la responsabilidad que tenía que enfrentar al sincerarme conmigo misma y después hacerle saber a los que me importaban y a los que yo les importaba que ya había aprendido la lección y que no sabía cómo salir de la situación en la que me había metido por no ser honesta conmigo y por tratar de agradar a los demás y demostrarle a la gente que podía lograr alcanzar metas que en realidad no me pertenecían ni me daban la satisfacción que yo esperaba.

El segundo reto fue HACER UNA PAUSA en mi vida, y escuchar la voz de mi alma, generalmente esta parte me asustaba mucho, porque es más fácil escuchar a los demás, darle importancia al qué dirán y dejarte llevar por la mentira de que vas a estar bien si complaces a los demás.

Hacer una pausa para escuchar lo que no quería escuchar todavía me costó lágrimas y noches de insomnio, pero al final valió la pena hacerlo porque no podía seguir el resto de mi vida viviendo una mentira que solo me traía problemas, enfermedades y tristeza.

Deje de escuchar la opinión de los demás porque en ocasiones las personas no lo hacen con mala intención y te dan su opinión desde su miedo y temores, pero también otra gente manipula, engaña, distorsiona la realidad con tal de salirse con la suya, pero yo ya no podía callar lo que mi ser gritaba, ya no se trataba acerca de los demás, se trataba de mí, de mi vida.

El tercer reto fue PREGUNTARME QUE QUERÍA HACER EL RESTO DE MI VIDA. Esto fue muy muy difícil, porque no tenía la menor idea de que quería hacer realmente en la vida, solo estaba segura de que quería hacer algo por mí, para mi hija y para mí.

No sabía cómo distinguir entre lo que quería y lo que era mejor, simplemente no sabía cómo encontrar dentro de mí las respuestas, saber qué era lo que yo deseaba hacer el resto de mi vida, mis miedos e inseguridades no me dejaban avanzar, porque no estamos quizá acostumbrados a escuchar nuestra voz interna, pero afortunadamente existen personas que nos ayudan a hacerlo, que nos guían y ayudan con técnicas y pasos para aprender a escuchar desde el corazón y no desde la razón y logran callar a las voces que nos critican y nos desvían de nuestro verdadero propósito.

El cuarto fue ENCONTRAR A UNA MENTORA O CAPACITADORA que me ayudara a desenmarañar las ideas que tenía en la cabeza y a reconectarme con mi ser. Afortunadamente cuando tu buscas algo, lo encuentras, o esa persona te encuentra, así fue como encontré a Patricia Hernández Carrillo, mi mentora. Ella, con sesiones individuales y clases grupales me ayudó a entender qué me había pasado, qué estaba viviendo y hacia dónde quería ir.

Encontrarla no fue tan complicado como dejarme guiar, el proceso no es de una semana o de un mes, pero afortunadamente ella fue paciente y siempre estuvo dispuesta a ayudarme y proporcionarme las herramientas que me llevarían a descubrir lo que quería hacer, los pasos a seguir y cómo conseguirlo, después me ayudo a elaborar un plan y proyecto de acuerdo con mis necesidades.

El quinto reto HACER UN PLAN Y TRABAJAR EN EL HASTA ALCANZAR MIS METAS. Si no hubiera hecho un plan junto con mi mentora, se me hubiera hecho más complicado avanzar, o quizá nunca hubiera conseguido lo que ahora he logrado a lo largo de este proceso. Lo suficiente como para entender que debo trabajar todos los días en mí, en mis metas, mis sueños y en acercarme a mi propósito de vida.

En un mundo donde distraerse es fácil, la tecnología y redes sociales nos invaden, la gente opina sin que le pregunten y te juzga, la falta de fe y las necesitades más inmediatas a suplir te envuelven, el miedo a hacer algo diferente y la comodidad de estar en un estado que, aunque no te hace feliz, ya conoces, no te permiten avanzar. Por ese motivo necesitaba a mi mentora para no perder el rumbo.

El sexto reto fue MANTENERME POSITIVA Y ENFOCADA. Generalmente el desánimo llega sin esperarlo. Podemos pensar que quizás eso no es para nosotros, que no está la situación tan mal, que no es fácil, que la gente no cree en nosotros, que se van a burlar, que van a decirnos locos, que no es el mejor momento, que mejor primero hacemos esto y aquello, que su familia no lo va a aceptar, etc.

Una vez que decides buscar realizar tus metas y alcanzar tus sueños, lo mejor es no pensar negativamente, rodearse de personas positivas, sólo contárselo a aquellas personas que te van a aportar algo que te ayude a avanzar y no a retroceder.

En un mundo donde distraerse es fácil, la tecnología y redes sociales nos invaden, la gente opina sin que le pregunten y te juzga, la falta de fe y las necesidades más urgentes de cubrir, te envuelven, las costumbres viejas, el consumismo, el temor a no ser comprendido y valorado, el miedo a hacer algo diferente y la comodidad de estar en un estado que aunque no te hace feliz ya conoces no te permiten avanzar, por ese motivo necesitas cuidar tu energía, tus pensamientos, tus palabras, lo que vez y lo que escuchas y sobre todo dejarte guiar y mantener el contacto con tu mentora.

Afortunadamente el internet nos ofrece una gran variedad y cantidad de videos, libros, información y ayuda para tener más información acerca de lo que estamos haciendo o queremos lograr.

El séptimo reto es CONTINUAR HASTA ALCANZAR LA META. No debes detenerte hasta lograrlo, porque el reto mayor no es empezar y hacer un plan, el mayor reto es continuar hasta que hayas logrado éxito en lo que te has propuesto.

Muchas personas empiezan negocios, tienen ideas buenas, buscan hacer algo diferente pero no lo terminan, el miedo los paraliza, la falta de fe, les gana el desánimo y terminan amargados o frustrados porque no lo intentaron, porque no continuaron y porque nunca sabrán si iba a funcionar, porque no se tomaron el tiempo de llegar hasta donde debían llegar.

Encontrar un por qué, te va a ayudar a seguir adelante. Pregúntate por qué vale la pena hacer algo diferente, emprender ese negocio, escribir ese libro, comprar la casa de tus sueños, tomar esas clases, transformar tu vida, quizá prepararte para ayudar a otros hasta donde tú has llegado o más lejos que tú. Pregúntate por qué y para qué. Si es por tus padres, por tus hijos, por tu familia, por las mujeres, por los hombres, por los ancianos, por los niños, por tu país, pero principalmente por ti, porque te mereces alcanzar tus metas y lograr tus sueños. Recuerda que no importa de dónde vienes, si no a dónde vas.

¿QUÉ OFREZCO?

Deseo de todo corazón que mi historia te ayude a entender que no eres la única persona que está viviendo o sufriendo la situación en la que te encuentras, yo también estuve ahí, paralizada de miedo, viviendo en depresión, sintiéndome víctima de todos, negándome a cambiar la forma en que vivía y la manera de ver las cosas, tratando de hacer felices a los demás, poniendo en primer lugar a otros, ayudando a otros a lograr sus metas y sueños, porque quizá no te has puesto a pensar que permanecer en el empleo en el que estas y que no te hace feliz, pero es lo cómodo, lo seguro o lo único que alcanzas a ver como solución te está llevando sobrevivir y no a vivir plenamente.

Conozco a muchas personas que se quejan de su situación, del lugar en donde viven, del auto que maneja, de la relación sentimental que no encuentran, de las largas jornadas de trabajo, del jefe que los maltrata, del empleo que los agota tanto, de las carencias económicas, de los sueños que nunca han realizado, de lo difícil que es la vida, del gobierno y una gran cantidad de pretextos que tienen para no arriesgarse a hacer algo diferente, porque debes entender que para tener algo diferente tienes que hacer algo diferente también. No puedes cambiar tu situación actual de la forma en como actualmente lo enfrentas, porque no se trata solo del tiempo que estas perdiendo al permanecer como ahora estás, se trata de las cosas que continúas haciendo; no existe la varita mágica que te ayude a lograr el cambio que quieres en tu vida, en tu cuerpo, en tu mente.

Para prosperar hace falta algo más que conocimiento, se necesita práctica, hacer los cambios y actividades que se tienen que hacer para cambiar, seguir los pasos, escuchar a los que ya están logrando vivir la vida de sus sueños.

Toma como ejemplo a tantas personas que están viviendo como ellos quieren vivir y no como sus circunstancias y problemas les permitieron hacerlo, porque al final, los que logramos lo que queremos, somos los que damos el primer paso, los que nos atrevemos y seguimos avanzando, aunque la gente diga que estamos locos o que somos fantasiosos.

No sé cuál sea tu meta o tu sueño, pero lo que sí sé, es que te mereces el éxito que deseas, te mereces ser el primer millonario de la familia, el que emprendió su negocio, el primero que se atrevió a escuchar y seguir un plan para cambiar su vida, el que se fue a otro lugar, el que vive en la casa que quiere y no para la que le alcanza y servir de inspiración a otros.

Te ofrezco la oportunidad de ser parte de un grupo que está viviendo la vida que quiere y no la que puede.

Al ser parte del grupo tendrás:

-Boleto para asistir a una mañana de manifestación en la playa

-Clases personalizadas semanales por video llamada o en persona

-Clases grupales

-Podrás entrar al chat de grupo para recibir información, instrucciones y mantenerte motivado

-Participación en convenciones y ferias para presentar tu negocio, producto o servicio en alianza con otros grupos

-Invitaciones a eventos gratuitos para empoderarte

-Tener descuentos en actividades que te van a llevar a alcanzar el éxito que te mereces

QUIERO DECIRTE QUE NO IMPORTA LA SITUACIÓN QUE ESTÉS ATRAVESANDO, SIEMPRE HAY ESPERANZA SI ESTÁS DISPUESTA A HACER LO NECESARIO PARA SALIR ADELANTE. ¡¡¡ÁNIMO!!!

Maité Quiñonez

Teléfono (+1) 323 396 8412

Mone Gil

"El arte de la comunicación es el arte del liderazgo". **- James Humes -**

El éxito es un concepto al que debemos tratar con pinzas y del que es menester ser rigurosos cuando de acepciones se trata. Puede llevarnos -si elegimos equívocamente- a sentirnos frustrados de forma constante, ya que corremos el riesgo de verlo como algo siempre inalcanzable, por lo material y frívolo que en algunos rincones de la tierra se alude, de forma muy limitada, a él. Por ello y si me lo permiten, lectores queridos, comenzaré por apelar al significado que más sentido hace a quien hoy escribe estas líneas. El éxito, de acuerdo con John Maxwell "... es conocer tu propósito en la vida, crecer hasta alcanzar tu máximo potencial y sembrar semillas que beneficien a los demás". Pues bien, si partimos de esta base, entonces confieso que la pluma fluye más y mejor para compartir con ustedes, agradecida por su interés y pestañas pizpiretas de inquietos lectores, ávidos de enriquecer (enhorabuena por ello) al maravilloso ser humano que en cada uno habita, un poco de lo que he andado por esta vida, a veces con tacones que se rompen por la torpeza de mis pasos y, otras más, con zapatillas deportivas que suavizan y facilitan el trayecto de dicha vida, plena y feliz, en la que Dios (sí, el autor principal de esto que hoy leen) ha puesto sus clarísimas pinceladas. Tú diriges, Señor, yo te sigo.

La memoria tiene sesgos. Todos lo sabemos. Es selectiva y se remite a traer las vivencias que mejor embonan con nuestras circunstancias y, por qué no, con nuestro amor propio.

Yo nací un 12 de mayo de 1974 a la hora de la comida en la Ciudad de México.

Los espejos, los marcos, los peldaños o escalones (significado: televisor, radio, escenario teatral, estrado, etc.) y los cepillos, cucharas largas o regletas de por lo menos 30 centímetros de largo (significado: micrófono) fueron siempre utensilios de uso cotidiano, acaso para practicar, mañana, tarde y noche, la forma ideal en que podría comunicar las noticias de horario estelar o cómo haría un show de comedia para agasajar (de acuerdo a mis férreas creencias) a los míos o bien, cómo actuaría -en drama o en comedia- frente a una gran audiencia, siempre conocedora de verdaderos talentos.

Así pasaron los años. Llegó la universidad, culminó la universidad. Sobra decir que durante los años de esta participé en la radio del alumnado y en cuanta obra de teatro, ponencia, conferencia o presentación pública se presentaba. Mi examen profesional, todavía lo recuerdo, fue a puerta y corazón abiertos. Contenía la esperanza de que muchos acudieran a él para compartir lo que, en su momento, consideraba contenidos que me hacían, simple y llanamente, sentido absoluto para transmitir a los demás.

Al culminar mi carrera y con extrema avidez por comunicar, toqué muchas puertas y, por lógica, algunas de ellas se abrieron para trabajar en empresas relacionadas con mi pasión y vocación. Recuerdo los saltos de alegría e incredulidad que di en casa, una noche frente a mis padres, al enterarme de que había sido elegida, tras varias entrevistas preliminares, como copy junior en una agencia de publicidad de gran renombre y bajísima paga, en la que solo pude ver la luz del día al salir de casa por la mañana, muy temprano y, según recuerdo, los fines de semana. El descanso como tal no existía y el trato para los recién contratados parecía de obligatoria opresión, notorio desdén y avasalladora actitud. Pero claro, a nosotros, unos jóvenes ilusos con olor a útiles escolares aún, poco o nada nos importaba en principio, pues estábamos henchidos de orgullo por formar parte de una compañía que hacía la publicidad de varias de las cuentas más importantes de productos de consumo a nivel global.

Sí, éramos los lacayos de unos mozalbetes con apenas dos o tres años de experiencia dentro de aquel medio, al cual recuerdo como snob y superficial y quienes fueron, sin duda, subyugados por otros más que les precedieron. Todo aquello parecía un tema de herencias. Era evidente que nadie reparaba en frenar aquel comportamiento absurdo de dominante-dominado, de separación de "linajes" (incluso en la zona de comidas de la oficina) de acuerdo con los años de empleado y horas de entrega absoluta dentro de aquellos muros, modernos y "ergonómicos" pero carentes de cariño, de fraternidad y de vitamina D o luz natural en la piel. Comenzar a comer en el área de "los creativos" era motivo de orgullo: un aliciente para los de la entrega total y la conversión fanática por hacer de aquella cueva sin escrúpulos (o así la percibía yo, siendo muy joven), casi un lugar de culto. Las ojeras pronunciadas, los meses transcurridos con escasas horas de sueño y un largo etcétera de demostraciones de lealtad absoluta al trabajo y a las "castas dominantes" contenían el premio, si había mucha suerte, de una palmada en el hombro por parte de algún gurú de barba extraña de la agencia y, ya como el cenit de la fortuna, la presea era mayor cuando "los jefes" pronunciaban nuestros nombres con una ligera sonrisa, en señal de "ya te recuerdo y reconozco como parte del equipo".

Transcurrieron dos, quizá tres meses de aquel trabajo que, innegablemente, me gustaba cada vez menos. Pagaba la gasolina de mi coche y poco alcanzaba para algo más. Pero, un momento: nadie dijo que todo tenía que ser un campo de miel sobre hojuelas cuando de primeras experiencias de trabajo se trata ¡Ni siquiera de segundas o terceras!

Lo que yo hacía podría haber sido apasionante pero no fue así porque, aunque la creatividad comunicativa era todo un aliciente, aquello se esfumaba con el ambiente tan hostil -o no adecuado para mí, pero sí para otros, no lo sé- y embustero que aquellos muros transpiraban.

Quisiera que esta historia, queridos lectores, culminara mostrando a una protagonista serena, que domina la situación y sale airosa con un manejo de lenguaje e histrionismo dignos de un inteligente emocional, pero no será así en esta primera experiencia. La visceralidad, no así la razón, se apoderó de mí y en ese instante renuncié, alzando la voz con matiz de sarcasmo, acompañada de un par de trémulas piernas y echando fuera, de una vez por todas, mi sentir desde el día uno en aquel espacio. Tomé las cosas que estaban en mi lugar de trabajo y me fui sin más. Conducir a casa fue un reto, pero llegué a ella como pude, con la sangre hirviendo y la mente, más. Ciertamente, el calor no es la temperatura adecuada para tomar decisiones. Yo lo hice.

Posteriormente y obviando detalles de poca trascendencia para lo que hoy nos interesa, comencé a trabajar, por estupendas recomendaciones, en TV Azteca: un lugar idóneo para fraguar mis anhelos de comunicación y ser, por qué no, la mujer de las noticias por la noche o quizá, la productora y conductora de un programa especial de periodismo serio. Yo no vislumbraba algo menos que eso. Pero claro, para llegar a ello debía estar, por lo menos, ya dentro de aquel lugar en el que las cosas que tanto deseaba, ocurrían realmente. Así fue y por mi "experiencia" me ubicaron en el área de ventas/mercadotecnia, en la que tuve oportunidad de conocer mucho de medios y de lidiar, ahora sí de forma directa, con los "clientes" (llamados, en este caso, cuentas clave). Sí, aquellos que pagaban grandes sumas también por sus campañas de publicidad en agencias como la que dejé sin mirar atrás una tarde de octubre, súbita e infantilmente.

Las comisiones para toda el área de ventas/mercadotecnia eran, por lo general, lucrativas y jugosas, aunque no para quienes iniciaban, por razones propias de meritocracia. Había que mostrar resultados para que entonces, cuentas más grandes fueran otorgadas (entiéndase por ello, anunciantes con muchos millones de presupuesto para pauta en TV). había una especie de paquete económico súper atractivo (dependiendo del monto de inversión del anunciante que venía por primera vez a la televisora) a repartir en el equipo y por jerarquías, entre el Director General de Ventas, el Gerente (mi jefe) y el cuenta clave (yo).

Uno de los regalos más grandes que TV Azteca me dio, se llama Edu: un personaje por demás especial en mi vida y en la de mi familia (es como un ángel de la guarda en este plano dimensional). Uno de esos entrañables amigos con quienes se fincan amistades para toda la vida y se crean lazos que nada ni nadie podrá romper jamás.

Con el pasar de los años las reflexiones se multiplican y se hacen más profundas. Hoy, que miro en retrospectiva, me doy clara cuenta que de joven fui idealista, muy trabajadora y, sin falsas modestias, estuve impregnada de una vasta ingenuidad, pero siempre escoltada, gracias a Dios, de la buena fortuna.

Había, en el ámbito comercial de la televisora y por supuesto con sus muchas y muy honrosas excepciones, un ambiente que traspasaba los horarios laborales y se extendía a otros más sociales, nocturnos y de furtivos idilios.

Cuando yo viajaba a dicha zona (Guadalajara, específicamente) tenía la dicha de ser bien recibida por esta destacada mujer, que no pasaba desapercibida ante los ojos de nadie. Siempre elegante, erguida, sonriente (con dientes que albeaban como los de poca gente), muy esbelta y cumpliendo a cabalidad su trabajo sin dejar de ser cálida, sumamente amorosa y diligente. Ella resolvía y estaba impere lista para el siguiente reto que se le presentara. Así la recuerdo en esos tiempos.

Yo me casé un 28 de marzo de 2009. A mi boda asistió, desde luego y por nunca haber perdido contacto conmigo, aquella gran persona de eterna sonrisa y amistad inevitable, Rosa Ofelia. No la pierdan de vista.

En 2011 y tras un mérito absoluto por su trabajo, mi esposo ascendió a una nueva posición y nos fuimos, como expatriados, a vivir una nueva aventura a Chicago, Il.

A estas alturas se preguntarán dónde ha quedado la comunicación; y yo les diré que jamás se ha ido. Es ella la que ha hecho todos los vínculos, todas las conexiones y, aunque hasta ahora leerán que no me he convertido en la presentadora más importante de noticias, sabrán que los caminos de Dios son insospechados y que, si le quieres hacer reír, entonces cuéntale tus planes.

En Chicago me apunté en una convocatoria que leí del Chicago Tribune para ser Blogger y fui aceptada, junto con otras ocho personas. Mi entrada de blog se llamaba Que toda la vida es sueño y en ella redacté más de 40 historias, reflexiones, anécdotas, cuentos y cosas que deseaba compartir con el lector que fuera: si era uno o 90, la misma ilusión me provocaba.

Durante ese período literario me embaracé (en 2012, específicamente) y nació Imanol, mi precioso hijo. Lo digo hoy, lo dije cuando nació y lo diré siempre: es precioso por dentro y por fuera. No andaré entre ramas.

Me anticipo a suponer que todos, lectores queridos, somos fieles a la idea de que la vida sorprende gratamente si nos ponemos en modo receptivo a ello ¿Cómo? En lo que decimos y en cómo lo decimos. Por ejemplo, si nos adueñamos de virtudes, desde la simple forma en que nos expresamos: mi buena suerte, mi grandiosa salud, mi maravillosa familia, mi bendito trabajo, estamos declarando un sentido absoluto de propiedad y eso queda incrustado en el subconsciente (ese rinconcito que no discierne mucho pero que resulta dominante al ser contenedor de miles, millones de pensamientos e ideas que le hacen creer a la mente que son verdades absolutas). En la forma en la que actuamos, que se centra en el principio básico de tratar a todo y a todos como quisieras ser tratado tú. En la gratitud (honda, genuina y diaria), que es el ejercicio más reparador que existe y, desde luego, en la dulzura del corazón, que reconoce a la misericordia como su gran aliada. En todo ello está el pase a esa recepción de regalos de la vida.

Es así como, una vez más, llegó un regalo a "la puerta de mi casa": mi amiga Rosa Ofelia, aquella mujer de inconfundible apostura con quien nunca perdí contacto (por cierto) desde mis años mozos en La Costeña y a quien veía siempre erguida, sonriente y decidida a abrazar la vida y sus innumerables dádivas, me buscó en Chicago porque viajaría unos días a dicha ciudad. Desayunamos juntas y mi esposo e hijo (en ese momento, un bebé de un año y medio) me acompañaron. A Rosa Ofelia la había abrazado en mi boda cuatro años y medio atrás, pero este nuevo encuentro tuvo un matiz casi mágico: ella lucía, particularmente, luminosa. Sin entrar en grandes detalles (o vuelvo a alargarme más de la cuenta) y porque si deseara emular lo que en su momento me dijo haría una burda, había en sus palabras, en su sonrisa y en su lenguaje corporal, una comunicación extraordinaria. Seguramente mucho tuvo que ver el qué, pero sin duda el protagonista fue el cómo, pues la invitación que ella me hizo para formar parte de un negocio que podría hacer desde casa, atendiendo a mi hijo como ya lo hacía, haciendo el ejercicio que tanto me gustaba y relacionándome con las personas para ser portadora de buenas nuevas, fue, prácticamente, imposible de rechazar. Comencé a ser networker en Immunotec, dos semanas después de aquel encuentro y gracias a una llamada determinante en la que, además, tuve la fortuna de conversar con su hija, Azul, una joven a la que recordaba con cariño porque, en tiempos de La Costeña, era ella -no sé si lo sabrá- la autora de que su madre no tuviera reparo en hacer lo necesario para que esa niña lo tuviera todo y más. Rosa Ofelia quedó viuda -eso lo tenía muy presente- desde que Azul era un pequeña de 18 meses.

Pues bien: fue esa pequeña con quien años después hablé como quien dialoga con un viejo sabio dentro de un cuerpo joven (no vacilo) y a la que dije SÍ en pocos minutos, para incursionar entonces, en la nueva aventura que esperaba ya por mí: la de asociarme como consultora independiente de un tipo de negocio que desconocía del todo y del que pensaba, como tantos miles sin conocimiento, barbaridades sin sentido: el maravilloso mundo del multinivel profesional, a través de Immunotec. Creo, sinceramente, que, de no haber sido Rosa Ofelia, de no haber sido Azul y de no haber sido Immunotec, hoy estaría contando otra historia en algún otro empleo. Difícilmente me hubiera acercado al mundo de las redes.

Immunotec mientras tanto comenzaba a brindarme, desde tempranos inicios, cuantiosos frutos. Claro, porque nunca dejé de trabajar en y para ello. ¿Cómo? haciendo uso de la comunicación con sentido, mi aliada desde hace décadas. No suelten este concepto, porque quiero ahondar en él un poco más adelante.

Comenzaba a viajar, a tener un equipo de líderes -por cierto, mejores y más experimentados que yo- de quienes aprendí mucho y quienes me impulsaron a alcanzar rangos e ingresos deseables para cualquier terrícola, en poco tiempo, etc. A causa de los benditos ingresos que recibía y de los que podía gozar en su totalidad ya que, gracias a Dios he sido una persona por demás privilegiada también en términos de economía familiar (y de un marido que ha sido un gran proveedor), decidí estudiar una maestría -a distancia- con la Universidad de Barcelona: Máster en estudios especializados en literatura española e hispanoamericana. De esta forma lograré un día, queridos lectores, tener los escrúpulos y la vergüenza suficiente para escribir un libro, como Dios manda, nunca por moda o porque sí, por petulancia o por sumarme a la lista de los miles de escritores hechizos que hoy, por tener un programa en YouTube, escriben y no paran de vender, cuando grandes y maravillosos literatos (reales) aún pasan hambre pero se mantienen fieles a su vocación, a sus líneas, a sus escritos, tan llenos de conciencia, cultura y profundidad.

Estamos llegando al momento en que, tras dos años con mi programa, una red de consultores que me permite alcanzar el rango de Diamante y decenas de viajes de mi marido a Alemania y Brasil (múltiples ausencias), una decisión familiar cambiará el rumbo total de esta aventura de un lustro en Chicago.

Una noche helada como tantas en Chicago, invitamos a cenar a casa a nuestro buen amigo, el Dr. Eduardo. Ahí, conversando con él, descubrí horas más tarde que ser asertiva era algo que aún estaba en la lista de pendientes pues le hablé sutilmente de mi negocio, del nutracéutico maravilloso que lo abanderaba y del que poco o nulo caso hizo. Eso no fue por el receptor, desde luego, sino por el débil emisor del mensaje.

Hablamos de muchas cosas y fue una grata velada. Tras ver a este buen amigo nuestro, me quedé pensando en algo que no dejó de rondar en mis pensamientos.

Si bien yo soy 100% hecha en México, mi padre no. De ahí que tenga, además de la que siempre me acompaña con orgullo, la nacionalidad española. Esto nos llevó a pensar que era momento de vivir en España, debido a que mi marido podía considerar una jubilación temprana (early retirement) en BP y a que mi hijo gozaba de apenas 4 años como para hacer el cambio. Pero la razón primordial era la apertura y ampliación de experiencias, de cultura y de un modus vivendi mayormente parecido al nuestro.

Como somos de prontas decisiones en casa, esto lo elegimos en marzo 2016, para hacer el cambio en septiembre del mismo año. Mientras eso ocurría, una mañana pedí a Rosa Ofelia que viera el programa que hice con el Dr. Eduardo y me dijera si no le parecía un hombre interesante. Ella lo vio y aprobó como tal, dejándome ver que podría tener una buena amistad con él, por lo menos por mensajería, para variar un poco de entre las mismas personas. Desde luego, yo no pensaba en amistad. Una tarde, durante una comida sorpresa que me hicieron como despedida de la radio y en la que Eduardo fue invitado, le planteé la idea de presentarle a una mujer maravillosa. Tras las características otorgadas, él accedió gustoso, haciéndome ver que, si era de su agrado o no, él se encargaría desde el inicio, de todo. En pocas palabras: yo solo haría el enlace y él, el resto de la faena.

Como esta historia también amerita un libro entero, deberé irme por la carretera más corta y arruinar el misterio: Rosa Ofelia y Eduardo no solo se conocieron y enamoraron, sino que hoy son uno de los matrimonios más sólidos, apasionantes y maduros de los que se tiene memoria. Eduardo, por razones de convicción absoluta derivada de su mujer, es un fiel enamorado de Immunocal y de Immunotec y goza del rango de Platino. Yo tengo la dicha de tenerlo en mi equipo.

¿Qué es? Una red de siembras y cosechas, de relaciones, de experiencias y de entramados extraordinarios que, si no nos dispersamos y los atesoramos, considerándolos parte del camino que se seguirá construyendo, aunque al momento no podamos verlo, nos llevan por los caminos más maravillosos que ni en nuestra más vasta imaginación hubieran tenido cabida.

Para el culmen más bonito que pueda brindarles: tras dos años y medio de estar en España, nos dan una noticia que mueve todo… Immunotec llega a España. Espero puedan imaginar lo que sigue, pero si no es así, les diré que hoy gozo de un rango previo al del Platino (el máximo) cuyo nombre es Diamante Ejecutivo. Esto no me convierte en una mejor persona, desde luego, pero sí pienso que una mejor persona recibe como efecto, ascensos inevitables en los diferentes ámbitos de su vida.

¿Qué es todo esto, al final? Así es como hoy, amigos míos, lo veo, a mis 47 años: Dios hizo, para cada uno de nosotros de forma individual, un rompecabezas divino y perfecto, cuyas piezas en su totalidad conforman una obra de arte inigualable y preciosa. Sin embargo, al brindarnos el maravilloso libre albedrío, podemos optar por dejar muchas de esas piezas guardadas, eternamente, en una "caja de madera" a la que podríamos llamar, destino.

Dejamos piezas sin utilizar por cientos de razones: quizá no las vemos, sencillamente, porque nos inclinamos a pensar que nuestra vida es así, corta y sin forma, a veces como limitada y nunca tan colorida y completa como la del otro. Otras veces, tal vez, porque

vemos los hechos de una forma aislada y nos quedamos en ello, apesadumbrados y decaídos, sin darnos cuenta de que aquel aparente mal (o ficha que parece fea y oscura) nos lleva, tengan por seguro, a un bien mayor (esa ficha aparentemente sin gracia ni sentido embona con otra que, en conjunto, crea color y forma). Unas veces más no queremos sacar más fichas de la caja por holgazanería y preferimos quedarnos recostados en el sofá de la mediocridad, en un trabajo que no nos gusta, pero "nos da para comer" y punto. Otras más, por restricción y autocastigo: juramos no merecer todo aquello que está en la caja. En fin. Podríamos enlistar cientos, miles de razones.

Es curioso, pero ustedes mismos podrán verlo. Hoy más que nunca, lectores queridos, a través de Immunotec comunico a muchas más personas y con mayor sentido y trascendencia, que lo que hubiera podido hacer en cualquier noticiero de la noche, además, con tiempo limitado (las arrugas aparecen y la magia de la pantalla se esfuma).

Hoy veo que en el destino sí estaba la comunicación (el qué) conforme lo anhelé siempre pero nunca imaginé el cómo y que sería esta mi herramienta clave para crecer, no solo económicamente (gracias a Dios tengo un equipo de más de doce mil personas en mi red) sino, primordialmente, como individuo, como ser espiritual (todos lo somos).

Tras todas estas experiencias laborales que les he narrado, amigos, quisiera cerrar concluyendo, en escueto resumen, que, si bien es cierto que la hoja del árbol no se mueve sin la voluntad de Dios, también es verdad que ÉL nos quiere avispados y capaces de percibir TODO lo que su caja de regalo contiene para nosotros.

La felicidad SÍ es constante y no son solo momentos. La alegría no es un parpadeo, sino una mirada eterna. No hay más mentira que decir que nada es fácil: quizá es porque nos la ponemos, por voluntad inconsciente, difícil, pero yo sigo creyendo que lo es. Luchar no es el camino, esforzarse, sí. El dolor NO es necesario, el aprendizaje, sin duda.

No soy coach, no soy motivadora, no soy socióloga. Solo una mujer que nació con anhelos (como todos) y que no los ha bloqueado jamás, pero reconociendo, hoy por hoy y finalmente, que yo soy parte de los mensajeros, no soy el mensaje.

Y por favor, citando al gran Mahatma Gandhi: seamos el cambio que queremos ver en el mundo.

Un beso a cada uno.

Mone Gil.

Norma Hariri

Yo era una mujer que no me interesaba nada. Vivía más el día a día, no tenía motivación ni expectativas, ni un plan a futuro, por la misma razón: no tenía a nadie quién me guiara, siempre estuve sola en este aspecto, en que el empuje, yo sola, no había nadie quién me ayudara. Todo fue cambiando poco a poco, sí fui una mujer algo perezosa, no me interesaba mucho el ejercicio en absoluto, no tenía ninguna inspiración, motivación ni nada, lo más malo de todo fue que siempre estuve muy gordita y yo creo que eso era lo que me bajaba tanto el ánimo y la autoestima, que no me permitía ver más allá de lo que podía lograr.

Hubo muchas cosas, pero una no se me olvida: una vez me encontré a una amiga de hace muchos años en una gasolinera y yo la saludé y ella no me respondió rápido. De repente me dice que quién soy yo y yo me quedé pensando: sí, cierto, ¿quién soy? Ni yo misma me reconocía. Había cambiado mucho, tenía sobre peso, tez demacrada, con el ánimo muy bajo. Ella me lo dijo porque yo estaba sobrepeso con autoestima muy bajo siempre andaba en depresión todo mundo me caía mal, no tenía absolutamente nada en mi mente. Hay cosas que uno no puede ni recordar, creo que en realidad borré el caset, quizás no me gusta recordar mucho como era antes.

Cuando regresé a casa, le pregunté a mi esposo que si él me podía decir a mí quién era yo, porque ni yo me reconocía, y él se soltó riendo: Yo como que estoy tan acostumbrado de verte todos los días, no te podría explicar, no sabría decirte. -Me dijo.

Le pregunté cómo me veía en mi físico, en mi actitud, y me dijo la verdad: no te pido divorcio por nuestro hijo, pero la verdad no estoy ni a gusto, ni soy feliz ni nada.

Me sentí peor, pero dije: lo único que tengo qué hacer son cambios. En ese tiempo estaba muy de fama la página de Skype y yo me la pasaba más en la computadora que poniéndole atención a mí familia, me la pasaba más conociendo personas de otros lugares que poniendo atención a mi propio hogar. No me estaba dando cuenta que estaba perdiendo lo que yo más quería, a mi familia, por ponerle atención a personas que yo ni conocía. De repente dije: tengo que quitar internet, adiós computadora. Estamos hablando de algunos años atrás. Eliminé muchas cosas de mi vida y empecé a ir a rutinas de ejercicio. Sólo iba una vez por semana, porque no tenía mucha motivación, pues yo quería ver resultados al instante, pero claro, ¡qué no los iba a tener! No era constante.

Empecé a ir seguido a conocer personas, todo fue cambiando un poquito más, mi cuerpo empezó a cambiar, no de la noche a la mañana, pero poco a poquito empecé a notarlo. Mi esposo también empezó a notar los cambios, ya estaba más con ellos con mi familia, que con la computadora y con otras personas, empecé a cambiar mucho, se notó mucho la diferencia y me encantó.

Cuando empecé a cambiar, ya hablaba con otras personas, ya tenía más amigas, porque antes no tenía casi a nadie. Estaba más enfocada en mí zona de confort, ahí tirada en la cama viendo la tele con mal carácter. Empecé a tener amistades, empecé a hacer el ejercicio, mi cuerpo empezó a cambiar y mi esposo me decía: está tu cuerpo más durito, y eso me gustó.

Fui más seguido, pero no sabía lo que me esperaba a futuro, al yo seguir así haciendo ejercicios en un lugar, como dicen "a veces tienes las oportunidades en las manos y si no las aprovechas, se te van". Son palabras que nos hechizan y eso fue algo que a mí me gustó mucho, hubo una palabra clave que a mí me hechizó totalmente y me la creí, cuando empecé a ir a hacer ejercicio la instructora yo creo que me miró y se dio cuenta de lo que necesitaba.

En el instante en que me habló, abrió mi mente totalmente con sus palabras, me dijo: Norma, (ella de lejos siempre me veía hacer el ejercicio y yo siempre estaba tímida parada en la pared, no quería ni que me viera que estaba pasada de peso) tú tienes una capacidad increíble, bailas muy bien.

Y yo como que no le creí, después me dijo: apréndete una coreografía y te subes a bailar conmigo, tú tienes un buen talento. Nadie te lo ha dicho, pero yo te puedo decir que tú puedes lograrlo.

Me la creí y dije: bueno, a lo mejor es algo que yo estaba esperando para motivarme, motivar a las demás y lo hice. Su palabra me hechizó y pensé: tengo qué hacer algo, si ella me está motivando a mí es porque a lo mejor a futuro es bueno para mí.

En realidad, duré un año haciendo clases en algún lugar. Vi que podía hacer algo por mí misma, saqué mis licencias y empecé a dar clases en diferentes lugares para darme a conocer. En mí fue creciendo eso que me gustaría hacer más y más, aprendí para ayudar a otras mujeres que también hayan pasado por lo mismo que yo, de sobrepeso, pues en realidad en estos 9 o 10 años que llevo, he aprendido tanto que lo que ofrezco es mis clases son una mezcla de clases mixtas que incluyen de todo un poquito y eso me ha ayudado, no sólo a hacerles cambiar su físico, sino aumentar su autoestima, a crecer mentalmente, a creer más en ellas y eso me motiva a mí también.

Todo se fue dando, el destino me lo tenía preparado y supe lo que es saber aprovechar. No estuve copiando a nadie, todo lo que pude hacer, lo hice por mí, para en un futuro poder ayudar a las demás, porque primero tuve que capacitarme a mí misma. Lo que les ofrezco a todas no es sólo como instructora, sino como amiga. A veces lo he hecho hasta gratis. Me dicen: tú no des tu tiempo gratis, pero lo doy a los que realmente merecen, no sólo que lo necesiten, y he tenido muy buen resultado. Estoy feliz con el respaldo que tengo, quiero más, claro, y me encantan las personas que en realidad valoran lo que de verdad ofrezco, porque pienso que no es cualquier cosa.

Todos tenemos una capacidad diferente de poder tratar con personas. A veces como mujer es difícil trabajar con mujeres, pero me mantengo actualizada, informada y he agarrado muchas ideas para poder entenderlas y poderles ayudar, porque al principio no sabía ni cómo hacerlo. En ocasiones pensaba: ¿qué hago con esta chica? Después de tantos años obtuve experiencia, me falta tal vez más, pero voy por ella.

Para lograr sus objetivos uno tiene que pedir ayuda, si es que quiere avanzar, porque hay muchas personas que no quieren pedir ayuda, porque les da pena. Hay que pedir ayuda, interactuar, buscar algún mentor, algún coach, alguna persona que tú sepas que te va a escuchar y te va a dar un buen consejo. Si tal vez no tienen la confianza de buscar a alguien por pena de no contar lo que sucede, lo que les recomendaría es que empiecen a hacer movimiento. Todo movimiento te da una motivación increíble, te eleva la energía, interactuar buscar personas que tú quieres que estén a tú alrededor para que te ayuden.

La motivación es fundamental, si no hay motivación en su casa, lo que yo hago con las chicas no va a funcionar al cien por ciento. La motivación siempre viene de las personas que están a nuestro alrededor, sean la familia, esposo, hijos. En mi caso mi motivación única fui yo misma. No tuve a nadie que me motivara de verdad, puedo decir que no había mentores, mi esposo todo el día trabajaba, no nos veíamos. Entonces pensé: tengo qué hacer algo, escuchar audios de motivación, videos que me sacaban de mi zona de confort. Yo misma fui empujándome, pero siempre lo que le digo a las chicas cuando empiezan a hacer sus rutinas, en cuanto las veo, las escaneo y me doy cuenta de lo que necesitan y lo que les digo siempre es: tienes que saber tú primero quién eres para saber qué es lo que vas a hacer, porque si no sabes quién eres, no hagas nada.

Cuando iba manejando de camino a las rutinas de ejercicio que hacía, recuerdo mucho esa esquina, donde yo daba vuelta y decía: ¿para qué voy a hacer ejercicio? Y me decía a mí misma: ¡a lo mejor hay algo que me está haciendo que vaya a hacer rutinas!

Nunca se me ha olvidado que siempre me preguntaba en esa esquina: ¿para qué voy? Como que me quería regresar, pero ya me di cuenta de que era por algo y hasta ahorita me doy cuenta porqué, porque en realidad a lo mejor iba a haber personas que iban a ocupar de mi ayuda. Ahora soy feliz con lo que hago y valoro a las personas, estoy feliz de poder ayudar, aunque después lo ignoren. Pienso: no hay ningún problema, ahí estuve y ahí voy a estar si me necesitan.

Un cuerpo en movimiento es un cuerpo que a quilómetros lo van a notar. Así que no es decir nada más yo hago ejercicio, yo estoy agarrando músculos. La actitud es lo más importante, en mi caso yo puedo decir que tengo un cuerpazo, aunque aún no lo tengo, pero a futuro lo voy a tener. Puedo decir: voy a ofrecer el cuerpo que tengo para que ellas vean qué es lo que tengo, pero mi actitud es la que va a hacer que salga adelante o me estanque o me lleve hacia atrás.

Si tú ya saliste de las crisis y cerraste tu corazón, porque en el camino alguna mujer te lastimó, necesitas también salir de ese proceso, ábrele la llave al corazón nuevamente, todo eso que ahorita te esté quitando a la posibilidad de ser bendecida con la energía femenina de otras mujeres, porque al final somos una, somos parte de ese todo, somos parte de ese equilibrio de la feminidad, lo femenino y lo masculino, así es que también nos necesitamos, como apoyo a otras, el amor empieza en ti, amándote, respetándote, honrándote para que esa luz la compartas con las demás.

Sandra López Soto

"En tus ojos peleaban las llamas del crepúsculo

Y las hojas caían en el agua de tu alma" (Pablo Neruda)

Soy una mexicana viviendo lejos de mi país, sobre todo primeramente soy mujer, soy madre, soy hija, soy esposa, soy una fiel emprendedora creo yo, soy Medico, terapeuta alternativo y alguien q busca de sobremanera el bienestar propio y de todo aquel q pueda alcanzar, obviamente antes hubo algo, un proceso o una transformación que me permitió llegar aquí, al sitio de donde parto hoy!. Déjame que te cuente un poquito, yo crecí en una familia muy unida, nada perfecta, pero muy amorosa. Vengo de una familia así, donde mis padres eran un núcleo familiar; los hijos los abuelos, entonces yo crecí con ese pensamiento y creencias de siempre mantener mis valores familiares de lealtad, honestidad, compasión, perseverancia entre otros y estar unidos, siendo casi siempre incluso la hija obediente. Ser el tipo de persona que representa nuestra cultura, mostrando y siendo lo que realmente somos.

Yo recuerdo que siempre fui una niña integrada en la escuela, no tan sociable, pero adaptable, fui una chica que le gustaba mucho aprender y estar en convivencia, de manera tranquila. Yo disfrutaba mucho. Recuerdo, por ejemplo, salir a caminar desde niña, estar en el campo. Crecí en un pueblo y parte de mi niñez, en una casa grande, con un patio enorme con una alberca, con una fuente en el centro y sobre todo con mucho amor, rodeada de mucho amor de mis padres, tanto de mi mamá como de mi papá.

Lo recuerdo con mucho cariño y agradezco enormemente el haber crecido así, porque parte de lo que yo ahora soy y hago, creo que viene de esa influencia enorme que tenemos durante los primeros años de vida de nuestro entorno familiar y de desarrollo, de todo lo aprendido. De mamá, ella era una mujer super compasiva, amorosa, muy fuerte siempre, muy echada para delante, a pesar de muchas cosas de la vida diaria siempre se mantenía de pie y desde el amor incondicional que nos tenía a todos sus hijos. Papá un hombre super trabajador, muy fuerte también, disciplinado, perseverante, ingenioso, inteligente, emprendedor, determinado y muy comprometido con él y con nosotros sus hijos, pero muy amoroso. Desde ese sentido de cuidado, de protección tal vez de proveedor, entonces siempre tuve esa parte cubierta desde mi niñez. Tuve la fortuna de tener a ambos muy admirables para mí. Si lejos de la perfección, pero para mí los mejores.

Soy la menor de las mujeres, tengo tres hermanas, siete hermanos, dos de ellos ya fallecieron. Por el hecho de ser la menor siempre estuve rodeada de gente, de mis hermanos y de mis papás.

Ya en la etapa de la adolescencia y después cuando tuve que ir a la prepa, decidí estudiar medicina. Siempre me gustó la naturaleza y a menudo estaba pendiente de qué puedo hacer por alguien más, o cómo puedo contribuir y seguir en contacto con la gente.

No era el tipo de chica que se distraía demasiado en reuniones o festejos alocados, pero disfrutaba mucho estar con la gente, había dentro de mi esa parte de escuchar, de estar en contacto con ellos, de saber la dinámica del pensamiento o la conducta

Me gustaba mucho psicología en la prepa, después, cuando tuve que ir a la universidad elegí Medicina. Me mude a una ciudad más grande y estudié y me titule como Médico Cirujano y Partero, después siguieron muchas cosas más q eso. Pero ¿quién era antes de llegar a ser lo que hago?

Era un médico que había terminado su carrera, y que apenas comenzaba a vivir, que durante el tiempo de su formación profesional tubo altibajos, por ejemplo: en tercer año de la carrera, decidí tomar Psicología, el pensamiento me seguía llamando y después regresé a Medicina, recuerdo q la materia que más se me daba en su totalidad sin problemas fue psiquiatría. Me titulé, estuve ejerciendo Medicina como médico cirujano y partero, por varios años cerca de 12 años.

Durante el ejercicio de mi profesión yo me daba cuenta de que la gente me buscaba en gran medida por ser escuchada, por comentar lo que estaba pasando y te repito, a mí siempre me interesó mucho esta parte de la Psicología, donde estaba muy pendiente de qué era lo que estaba sucediendo en la vida de estas personas y se estaba manifestando después en su cuerpo.

Y recuerdo, por una situación así, super personal, durante el tiempo de mi carrera quise desistir. Buscaba y yo decía: pero ¿por qué no me encuentro satisfecha? si lo que a mi realmente me gusta es ayudar a la gente, me gusta el servicio, el contacto con ellos y sobre todo que estén bien. Lo que pasaba en mi mente iba mas allá de eso, se encontraba tal vez en ese espacio de mi ser que aún no había descubierto.

Había algo ahí, mi familia estaba todo bien, estaba bien mi carrera, aparentemente todo bien, pero había algo que realmente yo no había encontrado, aquello a lo que el día de hoy he despertado y me doy cuenta de que todo influye, que somos uno con el todo, es una manera integral sobre nuestros pensamientos, sentimientos, creencias, y acciones que todo el mundo deberíamos tener desde el inicio. Obviamente, como yo no lo sabía, algunas veces me sentía perdida, o tal vez conflictuada y sentía que yo era diferente.

Entonces, yo no encontraba la manera de entender qué era lo que me hacía falta, yo estaba creciendo, estaba teniendo buenos grados, por decirlo así, estaba llevando mi carrera de manera favorable y había algo aun así que no encajaba, pero seguí, seguí, entonces me titulé, seguía siendo obviamente la hija dentro de la familia que contaba demasiado, primero por ser la menor y luego, bueno ya era el médico de la familia, ya tenía un logro importante. Aunque fui la menor siempre dentro de mi familia he jugado el papel de la persona que oye, y me sentía muchas veces tomada en cuenta en las opiniones de mi familia.

Me casé y viene esta parte de ser esposa. Sigo con mi carrera. Ya tenía mi profesión, seguí atendiendo a mis pacientes, tenía en aquel entonces también un negocio, como mí clínica y una farmacia. Duré muchos años así y también servía en una iglesia, en un dispensario médico, estaba en equilibrio dentro de mi caos.

Luego llegaron mis hijos, entonces se fueron aumentando estas cosas, seguí siendo hija, siendo médico, siendo la mamá, siendo la esposa, la pareja y cubriendo todas esas áreas que fuera pertinente y necesario cubrir.

Entonces llego algo fuerte, tenía que dejar muchas cosas, fue ahí cuando la aparente armonía nuevamente se tambaleo. Tenía que mudarme de México para Estados Unidos. Fue algo que realmente me movió todo, si ya había algo que de hecho yo no encontraba, porque ya tenía mi familia inicial mi esposo mis hijos mi trabajo y como persona estaba bien aparentemente, pero había algo ahí que no me cuadraba, entonces comencé a buscar en esta área de medicina alternativa o técnicas diferentes que me ayudaran a encontrarme, que me contribuyeran para regresar a mi centro, conectarme con aquello que realmente soy, porque había una situación que no terminaba de encantarme, me sentía incompleta realmente, aun haciendo todo lo que hacía. Tú dirías, ya tiene su carrera, su casa, su familia, sus hijos, el marido y era algo que dentro de mi representaba una inquietud.

Llegue con una terapeuta alternativa y eso fue algo que experimento mi ser, empecé a conocer la acupuntura, la auriculoterapia terapia, musicoterapia, aromas y Reiki esa terapia maravillosa que parte desde el amor, encontré afinidad con eso y mucha paz. Empecé a encontrarme realmente a mí misma, y creo que fue ese cambio que empezó a darse. Después vinieron otros cambios y transformaciones desde mi centro como una cascada imparable, ahora entiendo que lo que había pasado tenía que pasar, para que yo esté aquí en este momento y sé que hay muchas cosas que aprender, muchas cosas que trabajar en mí, sé que mantener abierta mi mente y mi corazón a aquello es importante.

Cuando ya había yo descubierto donde estaba el hilo de la madeja, me di cuenta de que eres feliz cuando empiezas a ser tu misma, sin cumplir las expectativas de los demás, sin el afán tal vez de seguir agradando a mis papás o seguir agradando a mi esposo o a la sociedad, sin seguir estereotipos impuestos por nadie, solo siendo yo sin juicios incluso míos. Y sin juicios ni expectativas hacia los otros.

A veces caemos en ese juego por nuestra formación, pensamientos, creencias, sentimientos e ideas, cultura y ese estereotipo que nos han vendido y nosotros hemos adoptado de cómo debes seguir, de cómo debes comportarte y cómo debes ser. Creces, estudias, te vas, trabajas, haces tu familia y sigues así por inercia sin realmente ser consciente de ti. Sin embargo, cuando eres consciente es entonces, cuando te has dado cuenta de que realmente lo que te motiva o lo que debería motivarte, es la pasión por lo que tú elijes aquello que te hace vibrar y es lo que te da el poder de seguir y seguir a pesar del caos que de pronto se te presente y que lo que crea una diferencia real en ello es como vas a responder ante aquello que se te presente.

Yo no había entendido ese punto, pero ya estaba en terapia, estaba trabajando mis emociones, todo aquello que necesitaba para estar mejor cada día, entonces llego el tiempo para mudarme, mis hijos habían nacido en Estados Unidos; mi esposo estaba teniendo un emprendimiento de él y era muy de él. No tenía muchas opciones, yo al inicio dude realmente de venirme, pero tenía que mantener una familia unida, así que bueno debía hacerlo.

Entonces llegué al punto que yo decidí venirme y dejé todo atrás, dejé mi familia de origen, dejé mi consultorio, dejé el negocio que yo había empezado, dejé prácticamente todo y vine aquí, fue un revés porque haberme yo medio encontrado allá y renunciar a seguir en lo mío fue duro.

Me integré con mi esposo a su empresa porque no había de otra en ese momento, pero no estaba siendo yo, estaba trabajando para el sueño de él, estaba trabajando para la meta de él, estaba trabajando como la esposa, como el apoyo familiar que me tocaba ser, pero no era algo que me movía, que me llenara y entonces duré ayudándolo, integrada a su negocio, un gran emprendimiento por algunos añitos.

Me encantaba esa parte de estar otra vez con gente, de crecer la compañía, de apoyarlo, de organizar, de dar a conocer la información y realmente lo hacía de una manera muy fluida, en fin, soy emprendedor de corazón también, sin embargo, la espinita de lo mío lo mío empezó a reavivarse.

A mí me gusto siempre estar con la gente, pero no era la manera del yo ser. Comencé a buscar, me di cuenta de que en USA ejercer cómo médico es volver a empezar, es un proceso largo, y yo decía: pero ahora ¿en qué yo voy a trabajar? No me quedaba demasiada opción, o me quedo aquí creciendo el sueño de él, o ¿qué sigue? ¿Qué es lo que tengo qué hacer?

Enseguida hice transcripts, traté de validar mis créditos universitarios, y me los dieron, casi 650 créditos con un equivalente de 6 años en salud me dijeron que tenía que buscar una universidad donde validar esos créditos que yo tenía para continuar mi proceso y realmente tener otra vez mi titulación. Todo eso me movía, pero más me movía lo que yo había sentido realmente cuando llegué a este tipo de terapias, era algo que a mí me motivaba mucho, porque yo ya había ejercido como Médico convencional y desde el punto de vista de la Medicina ya me daba cuenta de que la Medicina es buena, pero había otra manera de prevenir y resolver todo aquello que mediante el manejo de tus emociones puedes evitar que sea manifestado en tu cuerpo y concluía entonces que " curar el cuerpo siempre estuvo bien, pero curar el alma es otro nivel de verdad".

En ese punto pues, yo tenía que decidir entre seguir en la compañía de mi esposo o empezar a hacer algo que realmente me motivara mucho más a mí, y comencé a certificarme en aquello que amo hacer, me vi obligada, tal vez a hacerlo, porque recién vino lo de la pandemia.

Cuando vino lo de la pandemia, el negocio de mi esposo se fue abajo y no había demasiadas opciones. Recuerdo mucho que empecé a buscar opciones y pensé que era el momento de hacer y conectar con algo que yo ya había hecho antes y ver qué más seria posible que yo pudiera hacer aquí y cómo podía usar mis habilidades ya existentes y expandirlas aún más, para ser la mejor versión de mi como contribución y generar aquello que requería.

Si bien es cierto que estaba lo de mi carrera, Medicina, no era suficiente aquí, aquí no valía el título en su totalidad, aquí no podía venir y poner un consultorio y atender a la gente, no podía. Entonces era como empezar de nuevo, pero con todo y las herramientas que yo ya traía, era y utilizarlo, realmente mover toda esa energía que yo tenía que traer y sacarlas en ese momento y ver todas las posibilidades que yo había dejado de ver porque me sentía limitada.

Es bien difícil cuando tu vienes de otro país con una carrera y te das cuenta de que te enfrentas a pocas opciones. Cuando estás en ese punto en que solamente vez el punto oscuro y lo que no puedes lograr, entonces te alejas de eso y realmente te das cuenta de todas aquellas posibilidades que puedes tener, te enfocas en esa obscuridad que nada más no te deja salir de ahí tan fácil. Tuviste que haber llegado hasta el fondo, tuviste que haber llegado realmente a una situación bien difícil para ti, para reaccionar.

Recuerdo que esa noche estaba agobiada porque ya me había dado cuenta de que el negocio de mi marido se venía abajo, de que las posibilidades que había sobre la producción, la distribución y venta de su producto ya no eran tan buenas como antes, me dije: ya llegó el momento de empezar a sacar lo que realmente quiero, lo que realmente soy. Creo que el mayor poder que tienes tú es cuando muestras lo que realmente eres, de lo que estas hecho, sin el afán de agradar a otros, de estar trabajando por otros, sino simplemente te permites ser tu.

Creo que, si doblas rodillas, te entregas, y entiendes que realmente lo único que puedes hacer es soltar aquello que no está bajo tu control, aceptar los tiempos y disponerte a actuar encuentras las respuestas.

Decidí hacer eso y me vinieron un montón de ideas, una de ellas pues fue buscar empleo. Así que comencé y busqué empleo. Una noche estaba en la cocina de mi casa, llené cinco aplicaciones y las cinco me llamaron, que vibra la mía. Yo tenía mí currículum y había puesto varias cosas, pero entre ellas la más sobresaliente era como mánager de la compañía de mi esposo, era la que más contaba en ese momento y me llamaron de varios lugares.

En unos me decían que estaba sobrecalificada, o que debía esperar, pero tomé la decisión de ir a una entrevista donde apliqué y todo llega en el tiempo que tiene que llegar y como tiene que ser. Solamente así es como recibes. Recuerdo mucho que esta aplicación no tenía especificaciones de qué era lo que tenía qué hacer, simplemente era una chica que quería un ayudante porque ella era una masajista. Entonces pensé: ¡yo no sé hacer masajes! Y de verdad que no sabía, pero yo vi ahí la oportunidad de volver a estar en contacto con la gente, dentro de esta gama de bienestar.

Fui a ver de qué se trataba. Seguí el impulso de mi corazón además de que necesitaba generar ingresos en ese momento y lo que viniera era bueno. Cuando llegué allí me di cuenta de que había estado perdiendo el tiempo y había dejado de ver todas aquellas posibilidades que yo solita me había negado a ver.

Ella estaba haciendo muchas cosas sin las certificaciones que yo tengo por el simple hecho de atreverse de hacer lo que ella sabía hacer, estaba haciendo un negocio bastante bueno. Ahí comencé con lo que realmente yo sé hacer, lo que había estado haciendo.

Me entrevistaron, le dije quién era yo, quién había sido antes, toda mi preparación y a ella le gustó mucho, porque ella tenía el conocimiento empírico, yo tenía las bases que ella no tenía y empezamos a hacer un buen equipo. Yo les explicaba a los clientes de una manera diferente lo que ella estaba haciendo y me estaba entrenando también de manera práctica. Enseguida empecé a buscar mis certificaciones aquí. Recuerdo mucho que, cuando estaba ahí, le decía a ella: hay que empezar a armar un centro de bienestar. Y nos registramos y buscamos la manera. Ella decía que no quería, y yo tenía la seguridad de que yo quería hacer eso, finalmente mi gusanito de emprendimiento natural salía siempre.

Yo veía realmente la oportunidad y sabía que si tú buscas, pues lo llamas y se manifiesta, estaba eso en mí mente y mi corazón lo empezaba a soñar, así que decidí que ya pertenecía. No sabía cuándo, pero iba a llegar. Cuando llegaban los clientes y me veían ahí o simplemente yo llevaba mis clientes, me decían ¿por qué estás aquí? ¿cómo estás aquí? si realmente tú puedes explicarnos. Ella no nos explica.

Ella hacía su parte y yo hacía la mía, pero como que veían que no era el lugar adecuado, tal vez, para lo que yo podía hacer. Como cuando dicen tu dudando de lo que puedes hacer y otros asustados por tu potencial.

La verdad para mí en ese momento no lo veía así, sabia q era un proceso obviamente, empecé un montón de cursos en línea. Para ese entonces tenía un programa en "SuBarrio TV", sobre salud, porque ya empezaba con la inquietud.

Manny un gran amigo, me invitó a hacer un programa de salud y yo acepté. Llevaba meses con este programa y con ese gusanito de estar otra vez de contacto con la gente hablando de salud y de bienestar. Este trabajo de masajista me cayó como de perlas para mí, aunque otros pensaban: La doctora ¿cómo va a estar ahí? Pero a mí me encantaba.

Hacía desintoxicaciones iónicas, tenía que estar en los procedimientos lavando los pies y a mí no me importaba que estuviera haciendo eso. Había gente que me decía, ¿por qué haces esto? Yo sabía que era el proceso.

Cuando me hacían este tipo de comentarios yo le decía a la gente que era el proceso, yo sé que no me voy a quedar aquí, yo sé por qué lo estoy haciendo, porque al mismo tiempo tomando mis cursos en línea, tomando clases y estaba practicando.

Tolere muchas cosas, pero en ese tiempo entendí que eso era lo que quería hacer, volver a estar con la gente, volver a darme cuenta de que podía ofrecer un servicio y tener la satisfacción de que alguien se sienta bien, pero era un juego realmente, porque la que se estaba sintiendo bien también era yo, estaba siendo yo. Estaba siendo lo que a mí me encantaba, y a parte me estaban pagando por ello ahí.

Empecé a redescubrir lo que ya había descubierto antes de estar con el proyecto de mi esposo, Entonces tuve que salirme de ahí porque ya yo quería algo diferente, ya para mí era chiquito, había cumplido su tiempo, había cumplido su ciclo y ya necesitaba caminar hacia otro lado.

A parte de las cosas que se venían dando ahí en el trayecto, la señora se dio cuenta que yo jalaba más clientes, de que yo tenía un manejo más profesional, entonces hubo situaciones que a ella ya no le gustaron.

Me salí y, siendo honesta, empecé con mucho miedo. Ya era el emprendimiento propio, primero fue la idea, fue el encanto de volver a estar con la gente, de poder ayudar, de poder servir, de ser perseverante, pero luego enfrenté el temor de que ya iba a estar sola, de que ya era mi propio negocio, de que era mi propio emprendimiento.

Implicaba no solamente la idea de querer trabajarlo, sino implicaba una renta, una gran responsabilidad. Tenía que estar ahí tuviera ganas o no para poder generar ingresos.

Busqué un lugar, fui a buscar un espacio en un salón. Para entonces yo ya tenía la certificación de esteticista facial y corporal, y tenía certificación de biomagnetismo médico. Había armado mi página de Terapias Alternativas y había recopilado una serie de técnicas como procesos energéticos y de estética facial y corporal por otro, donde yo ya empezaba a promoverlos como un negocio.

Ya estaba trabajándolos con ella, entonces mi clientela se estaba empezando a crear, mi cartera de clientes estaba creciendo, me empezaban a referir y a recomendar, ya sentía que era el tiempo.

Empecé a promover mis servicios de procesos energéticos de Reiki, de barras de Access, Biomagnetismo Médico, Auriculoterapia y aquellos estéticos que eran faciales, la línea de Corporales también y empezó a crecer mi clientela. Recuerdo que tenía que estar en ese lugar por el momento, aunque era un salón me servía para trabajar mis servicios, había música de repente y algunos de mis clientes requerían un espacio callado tranquilo, era necesario para los procedimientos. Así duré un año, después de eso la señora me amplió el lugar.

Empecé con un espacio super pequeño, donde solo cabía mi camilla, ni una salita. Yo tenía qué empezar allí forzosamente. Cuando llegaban los clientes, porque me los recomendaban, veía una expresión de desagrado en sus rostros, porque es parte de la confiabilidad que a ti te da como terapeuta el llegar a un lugar donde se vea tranquilo, donde transmita mucha calma, mucha paz y era algo que no estaba ahí y que me quitaba tal vez un poquito de confiabilidad.

Pero a la hora que ellos veían el resultado, eso salía sobrando. Me aguanté ahí, me ampliaron el espacio, la señora veía que requería más espacio y me pusieron barrera de sonido, para que no se escuchara. Era bien agradable porque ella también estaba contenta de ver cómo estábamos creciendo. Pasé ahí otro año hasta que vi pertinente buscar otro sitio y encontré un lugar maravilloso, que es donde ahora estoy. Tengo más clientes, un espacio agradable para que, cuando la gente entre, puede percibir mucha tranquilidad y calma. Aunque sigue siendo un poco pequeño. Pronto me van a permitir estar en un espacio más grande.

Cuando yo llegué aquí, mi oficina estaba al lado de una psiquiatra, que es la dueña. Una persona muy linda, son muy cuidadosos a cerca de a quién le permiten entrar al lugar.

Me hicieron una serie de entrevistas, preguntaron lo que yo había hecho, lo que estaba haciendo, el proyecto que estaba trabajando y ella quedó contenta, curiosamente tiempo atrás ella había pensado en un centro de bienestar. Ahora trabajo Terapias Integrativas como un centro de bienestar. Donde ofrezco una serie de técnicas aplicadas para el bienestar de las personas desde dentro.

Cuando tú llegas a tocar el alma de la gente, sirves como canalizador y contribuyes a la sanación de las personas desde su propio ser, ahí es cuando hay una transformación realmente poderosa, porque entonces van redescubriendo ellos que muchas de las enfermedades o condiciones médicas que tienen, vienen condicionadas por el pensamiento, creencias, emociones en el que están ellos. Aquellas energías que hacen que se manifiesten en ellos y en sus cuerpos, entonces es ahí cuando empiezan a cambiar la estructura de su pensamiento, dejando de lado los juicios y expectativas encuentran el hilo de la madeja.

Siempre que las personas vienen acá, me dicen que encuentran más de lo que buscaban. Me certifiqué también como Coach de Vida y me doy cuenta de que yo ya había venido manejando esa ideología, tal vez hay muchos modelos de hacer coaching, pero cuando tu manejas esto tan integral, el resultado es inminente. No sucede más que transformación en función de cada persona.

La idea para mi es trabajar desde lo holístico, donde el cuerpo, la mente y el espíritu tocan el alma y entonces desde lo integral la gente se encuentra siendo su mismo ser, así que aquel bloqueo que te mantiene limitado se transforma y como por arte de magia si tu condición médica está determinada por eso, cambia. Si bien es cierto que son procesos individuales, donde los protocolos salen sobrando lo que yo recomiendo a menudo es encontrarte, ¿cómo? buscando en tu interior, el viaje es hacia dentro.

En el entendido de que los lectores fueran chicas, le sugiero: A ti mujer, que aún no consigue como salir de tu crisis, de aquella inquietud que ahorita te está afectando, yo te recomendaría que trates de encontrarte a ti misma, de abrazar aquella emoción, situación que te inquieta con amor y respeto hacia ti, que trabajes en ella, que tomes el aprendizaje y la escuches, que veas que quiere mostrarte y si no te contribuye para bien la sueltes.

A menudo buscamos aquella parte de nuestro bienestar o felicidad en las cosas de afuera, pensamos que los demás nos harán felices, que en mi pareja voy a encontrarlo, en mis hijos, en mis padres, mi profesión, en las cosas materiales, en la forma en cómo yo me veo físicamente, etc. Cuando la responsabilidad de encontrar nuestra felicidad es nuestra desde la armonía interior aun a pesar del caos q estemos viviendo.

Pero yo les sugeriría que busquen adentro de cada una. Cuando tú buscas adentro y no afuera, lo que realmente estás queriendo encontrar, cuando tú te preguntas. ¿Qué es lo que yo estoy buscando?, ¿Qué es lo que yo estoy requiriendo, mi mente, mi cuerpo, mi corazón están requiriendo de mi en este momento? Eventualmente te va a llegar la respuesta, tal vez obviamente no va a llegar una voz que te lo diga, va a llegar un texto o una imagen, pero siempre yo les digo, escucha primero pregúntate qué es lo que estás buscando, qué es lo que tú estás queriendo, no necesitando. Si tú vas a la necesidad, entonces ya modificas la dinámica. Siempre pregúntate qué es lo que realmente yo y mi cuerpo, mi mente y mi corazón están requiriendo de mi para que yo pueda hacerlo.

Si tú te preguntas, tú te vas a escuchar. Aprender a escucharnos es bueno, aprender a identificar aquello que el cuerpo está diciéndote es bueno y entonces después buscas o encuentras como salir de aquello y te enfocas no en el problema sino en la posibilidad de solucionarlo.

Otra pregunta que yo utilizo mucho es, en el infinito de mis posibilidades ¿qué es lo que puedes mostrarme? Entonces empiezas a buscar aquellas herramientas que van a darte la pauta a seguir. Hay que dejar fluir y no resistirse a aquello que nos está sucediendo, porque a veces tenemos nuestro plan y muchas veces no se da como nosotros queremos, y es ahí cuando nos resistimos, sin saber que a lo que te resistes persiste, si no se da, no es para ti.

Pero escucharte e identificar aquello que realmente tú quieres, desde el amor incondicional que tú te tienes, dejando los juicios y expectativas hacia ti y hacia los otros es clave.

Para mí, el punto más fuerte fue darme cuenta de que no había aquello que yo había imaginado. Cuando decidí venirme de mi país, el enfrentarme a que yo no podía ser una profesional aquí, el darme cuenta de que no era suficiente lo que creí que era suficiente, ahora no lo es y lo que creí que había tenido no lo era y la verdad es que, fue duro, mi Ego se vio aplastado, aún estaba conmigo con todo el trabajo que había hecho seguía.

Así trabajes en una fábrica por el momento, sigues siendo tú, aquella persona que eres. Tu esencia no cambia, tu formación, tu educación y servicio te haces seguir siendo tú, van a notarse donde quiera que estes y por un momento si te pega el ego, pero te encuentras fuera de tu mundo. Muchísima gente que viene profesional a otro país, que trabaja en lo que ha tenido que trabajar porque no hay de otra y sigue siendo tu.

Es difícil mientras encuentras el hilo y te empiezas a encarrilar y empiezas a informarte que realmente si hay muchas cosas que se pueden hacer. Yo encontré la manera, me tarde tal vez, pero me encanta lo que estoy haciendo, me gusta mucho, lo disfruto, me gusta servir a la gente, que ellos vengan y ver el cambio que puedo generar en ellos. Me encanta cuando me recomiendan, los bonitos comentarios, pero sobre todo la transformación que la gente tiene cuando se encuentra a sí mismo.

Aquí estoy creciendo, sé que no estoy todavía donde quiero estar, pero le agradezco mucho a Dios por haberme mostrado esto que puedo hacer por la gente, porque en la medicina convencional no se va a ver esto y es algo que para muchos no tendrá sentido de ser, pero otros lo podrán entender. Yo que lo he experimentado seguiré pensando que "curar el cuerpo siempre estuvo bien, pero sanar el alma es otro nivel" y me encanta, me gusta mucho y a parte que me pagan muy bien por ello, soy bendecida, ahora me toca ver cómo puedo mejorar más aun todo esto.

Tania Baires

El sufrimiento es parte de nuestro propio crecimiento a nivel personal y espiritual.

Muchas veces no comprendemos el porqué de las cosas, pero todo tiene una razón de ser y es para nuestra evolución como ser humano.

Espero de todo corazón que mi historia pueda llevarte a tu propio descubrimiento, a la razón del porque atravesamos dificultades en nuestra vida.

Abre tu mente a esta historia que puede remover el velo de tus ojos físicos y dejarte ver con una comprensión más real de la vida.

Mi Madre una mujer fuerte y decidida, emigro a los Estados Unidos después de sufrir la guerra en nuestro país, El Salvador.

Yo siendo la hija mayor decidí, desde una temprana edad que un día podría ayudarla a ella y a toda mi familia a salir adelante.

Recuerdo que a mis cortos 9 años de edad vi como mi madre tenía que dejarnos y encontrar una forma diferente de sobre vivir.

En la época de los 80's la situación en el país de El Salvador, era muy desastrosa y lamentablemente después de que la "guerrilla" asaltara en una ocasión a mis padres, quitándoles todo lo que ellos tenían en ese momento, desde mercancía y cosas personales, incluso les quemaron los carros, pues los detuvieron a punta de pistola y los despojaron de todo lo que habían vendido.

Este hecho fue lo que empujo a mi madre a tomar la decisión de emigrar a los Estados Unidos a buscar un futuro mejor, dejándonos a mí y a mis hermanos en nuestro país hasta que ella pudiera mandar por nosotros.

Mis hermanos y yo nos quedamos en el Salvador con mi abuelita y 2 años después mi Madre mando por todos nosotros.

Mi madre ha sido el gran ejemplo para transformarme en la mujer empoderada, decidida y fuerte que soy ahora. Ella fue la razón inicial de hacer cosas grandes.

Conforme fui creciendo se formó un enorme deseo de salir adelante y lograr conquistar todo lo que yo deseaba en mi vida tanto a nivel personal y profesional, pero fue realmente mi hijo la razón y motivación para encontrar la forma de cómo crear un futuro mejor para él.

Las experiencias de nuestra niñez delimitan inconscientemente las decisiones que tomamos de adulto. En mi caso por ejemplo a mis 23 años después de que tuve a mi hijo decidí operarme para ya no tener más hijos y esa fue una decisión que me enseñó a cuidarlo y de tener responsabilidad de su futuro.

Empecé mi negocio de venta de ropa en pagos y poco a poco fui haciendo muchos clientes, hasta que logre ahorrar y abrir una tienda, después la segunda, hasta la sexta. De ahí inicie ventas al mayoreo en diferentes Estados, completando una fábrica que va desde diseño de ropa hasta su fabricación y venta.

Me sentía satisfecha con estos logros, pero sabía que aun podía hacer más y eso me conllevo a empezar a tomar clases para bienes y raises.

Ese fue el inicio que me condujo a seguir haciendo lo que hoy más me apasiona hacer que es la venta de casas.

Les contaré un poco más de mi historia....

Fui madre soltera y me tocó una situación difícil en la que yo quería de alguna manera tener la libertad y el tiempo para poder atender a mi hijo y ayudarlo con sus tareas y cumplir la función como madre.

Cuando empiezo a vender cositas, que en realidad a mí no me gustaban las ventas, pero creí que era el único negocio que me iba a permitir crecer y poder depender de mí propio esfuerzo.

Todo es posible si aplicamos Fe y disciplina. Es lo mismo vender un objeto de 5 dólares como vender algo de 1 millón de dólares, con este concepto es como fui comprendiendo que las ventas fue la forma que me permitió ganar todo lo que me proponía en ese tiempo.

Al principio, me faltaba mucho amor propio, era vanidosa, pero en el sentido de una vanidad hueca donde no había nada de esencia como ser humano y en ese momento yo pensaba que el dinero era la felicidad, pero la vida tenía que mostrarme que el dinero es bueno, pero no lo es todo.

Llego el tiempo en que la vida me quitara absolutamente todo lo que había logrado hasta ese momento.

Fue tan grande la perdida que no tenía la forma como pagar ni mis propios gastos. Empecé a perder negocios, casas a tal punto que me había quedado sin nada, sin carro y hasta la desconexión del agua y la luz.

No comprendía por qué la vida me castigaba de esta manera tan cruel, donde después de haber pasado tantos años para lograr todo lo obtenido, ahora simplemente se había perdido todo.

Cundo pensé que ya había sufrido mucho por el lado material, lo peor estaba aún por venir. Mi abuelita que fue más que una madre se puso muy enferma.

Ella fue mi amiga, mi maestra y quien me dio amor incondicional sin nunca juzgarme. Mi viejita linda quien vivía conmigo necesitaba dos personas para que la cuidaran de día y noche. Al perder todo el dinero no tenía la economía para continuar pagando por sus cuidados especiales para ella.

Esta situación tan dolorosa no había terminado aun, pues poco después su salud se deterioró de tal manera que fue ahí donde la historia de mi vida dio un giro de 180 grados.

Al sentirme que había perdido absolutamente todo y ahora sentir que estaba perdiendo también a mi abuelita me hiso aclamar y buscar una respuesta en Dios.

Todavía en ese momento estaba tan desesperada que perdí hasta el deseo de vivir, que incluso estuve muy cerca de quitarme la vida por la decepción de haber perdido todo lo que poseía.

Una noche manejando a casa simplemente acelere mi carro a todo lo que daba con toda la intención de terminar con mi vida y no saber más de la frustración que estaba pasando.

Dentro de mi pensamiento apareció mi abuelita que aún estaba vivía y que ella me necesitaba, no pensé ni en mi hijo sino solo en mi viejita linda. Ella fue la fuerza para continuar en ese instante, no podía abandonarla así nada más, quería luchar por ella. Sentía enojo y frustración pues pensaba que no había forma de levantarme.

En ese momento era atea, pero mi desesperación era tan grande que grité con toda la fuerza de mi ser:

"Si realmente existe un Dios, esto que estoy viviendo no pasaría".

Exclame: "Dios ... si existes, dame un poquito más de tiempo al lado de mi viejita y concédeme tener la capacidad de cuidarla hasta que sea su tiempo real de partida".

El milagro se había dado, la recuperación de su salud fue inmediata y fue ahí donde pensé, si lo que paso fue un milagro o una casualidad del destino porque, por primera vez eleve una oración a Dios desde mi corazón.

Es entonces cuando la vida me mostro que el dinero no podía arreglarlo todo, que había cosas más importantes como el amor por nuestros seres queridos o el amor a un Dios que aún no conocía en su totalidad.

Se me concedió cuidar a viejita como ella se merecía ya que en ese momento se hizo un cierre de Escrow de una propiedad y salió la economía para cubrir los gastos necesarios.

Unos meses después murió mi viejita linda y con su partida perdí el deseo de seguir adelante. A la vez surgieron muchas preguntas en mi mente, desde por qué su muerte y porque las pérdidas económicas que tuve. También con esta situación se adjuntaba el conflicto familiar de no tener tanto el apoyo de mis padres como el de mis hermanos, ni nadie de la familia en general.

Había mucha confusión de cómo entender lo que estaba viviendo en ese momento de mi vida.

Todos estos conflictos me llevaron a querer estar en silencio y acallar mi mente. La única manera de estar en esa conexión conmigo misma era encerrarme en el cuarto de baño del negocio de mi mama, en plena oscuridad y con una vela encendida donde me tomaba hasta una hora todos los días.

La intención era obtener un poco de paz y a la vez respuestas a tantas preguntas que me agobiaban cada día que pasaba, ya que no podía conciliar el sueño, al grado que tuve que recurrir al médico para tomar medicamento para dormir y calmar la ansiedad que me estaba produciendo esta situación.

Fue aquí donde empecé a escuchar una voz interna que hasta el día de hoy me acompaña. Es una voz firme, pero emana un amor muy sutil a la vez. Esta voz era tan clara y resonaba muy fuerte en mi mente, pero aun así yo misma pensé que me estaba volviendo loca, porque no lo entendía y me juzgaba a mí misma.

Dentro de mis preguntas internas que le hacía a esa voz eran:

Porque "Yo", ¿Porque he tenido que pasar esta experiencia de dolor, de perdida, de confusión, si yo soy buena persona? Eran más bien reclamos que preguntas porque, ¿A quién le iba a preguntar si en ese momento me sentía tan sola?

Surgió dentro mi ser esa voz nuevamente que me decía que, el perdón era la respuesta de todo lo que me estaba sucediendo. Mi reacción fue ¿El perdón?, algo un poco confuso a la vez porque después de lo que estoy pasando y el propósito era ¿Yo Perdonar?, ¿cómo?

No entendía el concepto del perdón en ese instante, así que seguí cuestionando aún más.

Mis preguntas, junto con esa voz interna se convirtió en un dialogo que mantenía dentro de mi mente ahora ya todo el tiempo.

Dentro de estos diálogos llegué a la conclusión que el perdonar a las personas que yo creí que me habían abandonado en los momentos más difíciles, o que me habían ocasionado mucho daño, estaba la clave para poder recibir mis bendiciones, especialmente en mi economía y en todos los ámbitos de mi vida.

Ahora confirmo que esa voz era mi Yo interior, que era importante a callar la mente para escuchar esa guía y tomar acción para empezar a resolver todos mis conflictos.

Entiendo que para los que nunca ha vivido una experiencia así, tan clara como esta para mí, puede causar mucha confusión, incluso estuve a punto de omitir esta parte de la historia, pero decidí contar mi experiencia tal cual como la viví, pues ahora comprendo que este evento es lo más importante que me ha ayudado a transformar mi vida para siempre.

Los diálogos internos con nuestro Ser Superior son como una oración, un rezo, que algunas personas pueden decir que es una plática con Dios. Como ya mencioné yo era Atea y al no creer en nada, sentía que no podía hablarlo con nadie pues si lo hacía ¿quién me creería?

Esa voz o pensamiento que nos llega es tan claro y a la vez un llamado a comprender que todo conflicto o experiencia que por muy caótica que sea, es a la vez una bendición de Dios disfrazada y que todo tiene un propósito divino, aunque no lo comprendamos en ese momento.

Quiero compartirte que mis diálogos internos no eran para nada bonitos ni amorosos, sino todo lo contrario. Eran más reclamos y exigir el porqué de mis tragedias, ya que había perdido todo.

Reconocí que esta experiencia caótica que estaba viviendo, era parte de lo que Dios me estaba mostrando para accionar en los cambios necesarios en mi vida y lo más importante tener una conexión con mi Ser Divino, no porque yo fuera muy religiosa o alguien muy especial con dones extrasensoriales o que fuera la persona más buena del mundo, incluso reconozco que no creía que existía un Dios como tal. No tenía una filosofía definida, no practicaba ninguno tipo de creencia tampoco.

Por eso puedo concluir que es importante primero acallar la mente, conectarnos con nuestra guía interna para accionar en los cambios necesarios y tener Fe, porque "Si tienes Fe, todo es posible".

Ahora tengo la firme convicción de ya no soy la misma persona que antes al aprender estas dos grandes lecciones de vida:

1. Todo lo que ocurre, tanto bueno como malo tiene un propósito divino

2. El dinero no lo es todo en la vida ni es lo más importante, es solo un recurso para que la vida sea más fácil.

Al comprender estas lecciones, fue cuando nuevamente tuve deseos de retomar el control de mi vida y hacer lo que más amaba hacer .... "Las Ventas".

Yo me sentía lista para retomar mi camino, pero había un pequeño problema, no existía un capital suficiente para iniciar un negocio, no obstante, si tenía la Fe de que algo bueno iba a salir por mi firme convicción de que no estaba sola, que mi guía interna me iba a llevar por el camino correcto.

Así que me fui a una segunda a comprar cosas electrónicas para revender. También comencé a manejar catálogos de diferentes compañías como ropa y zapatos, así no tenía que invertir sin tener la venta segura.

Seguí con mis diálogos internos, pero ya haciendo meditaciones más en conciencia, a la vez buscando más información desde libros, audios, videos y más para seguir aprendiendo. Así se fue dando la práctica de las afirmaciones diarias para atraer lo que por vibración positiva te corresponde.

Empecé a pedir con fe y convicción la cantidad de $25,000 porque me sentía lista de que estaba trabajando duro y se iba a manifestar la ley de atracción en cualquier momento. Fue tan real que al poco tiempo llego una persona y me ofreció hacerme un préstamo, exactamente por esa cantidad que yo pedí. Sabía que se manifestaría mi petición, pero no podía creer con la exactitud y rapidez que se dio, así que fui al baño del negocio de mi mama y doblando mis rodillas llore, grite pues mi oración había sido contestada.

Hasta el día de hoy no se el apellido del señor que me hizo el préstamo, simplemente el Universo hizo su trabajo. Esta persona nunca me pidió nada, ni un contrato o firma solo con la confianza de que no le quedara mal.

Es difícil de creer esta experiencia, pero es una convicción de que el Universo contesta siempre y cuando tengas fe y te dejes guiar por tu ser interno, podemos llamarlo corazonada, intuición, pero sobre todo tomar acción.

Esta experiencia me hizo seguir en la búsqueda de información y capacitación para evolucionar y crecer a un nivel más espiritual, porque tenía la firmeza de que todo es vibración, lo que yo deseo se manifestara siempre y cuando este en la frecuencia correcta.

Así fue como pedí al Universo el lugar y los maestros correctos que me guiaran en estas enseñanzas y fue como encontré El Centro "Yo Soy" donde asistí a las charlas de los viernes por las tardes y conocí a quien todavía considero mi maestra Griselda Guzmán.

Aquí pude compartir con mucha gente que estaba con el mismo deseo de hacer cambios en su vida a un nivel más de conciencia y evolución. Tome clases, cursos que hasta pongo en práctica y sigo aprendiendo y compartiendo estas enseñanzas para aquellas personas que están listas a comprender que la vida es un Juego y es importante aprender las reglas para saber jugar y divertirte a la vez.

Esta historia la escribí 5 veces y fue tan increíble que las 5 veces no sé cómo, pero se borraron o las grabé en otro lado, simplemente se desaparecieron.

Así que esta historia es la que quiere ser revelada para ti, porque estas palabras vienen de la fuente y yo solo soy el canal para transmitir este mensaje directo a tu Ser.

Mi experiencia es un ejemplo de vida de que es necesario vivir el dolor para soltar creencias y limitaciones que venimos cargando de nuestros ancestros, nuestros padres y mentores y tener una nueva oportunidad de sanar y transformar nuestro interior. Comprendí que el perdón es una herramienta muy importante para recibir las bendiciones y la abundancia del Gran Espíritu o también llamado Universo que tiene para nosotros por derecho de Ley Divina.

Quiero concluir dejándote con esto en tu mente:

Somos espíritus divinos teniendo una vida terrenal con el propósito de nuestro crecimiento espiritual.

Todo lo que nuestros ojos físicos miran solo es temporal, sin embargo, los ojos del Alma miran la belleza real como lo es El Perdón, La Compasión, El amor y La FE.

Busca dentro de ti, pues ahí encontraras la conexión con el todo poderoso, y todo lo demás vendrá por añadidura.

Tu Paz Mental viene de la conexión con tu Ser Cristico, con tu "Guía interna", si nutres tu Ser con cosas positivas, entonces vas a emanar tu luz y vas a accionar de una manera beneficiosa tanto para tu propia vida como de los que te rodean, dejando un así un legado en esta tierra.

NO GASTES ENERGÍA PENSANDO EN COSAS NEGATIVAS, CONÉCTATE MEJOR CON TU ESPIRITUALIDAD Y ACTITUD POSITIVA, QUE ASÍ MANIFESTARÁS GRANDES RESULTADOS EN TU VIDA.

Bellanira Valencia

Llegué a mi casa después de un día de decisiones complicadas. Vi a mi alrededor y me repetí: "esto también pasará", una de las muchas frases que me aprendía para darme ánimo.

Llamé a mi amiga y le conté que me habían aceptado la carta de renuncia, sabía que estaba a punto de cambiar algo, ¡pero no me imaginé en realidad cuánto! En mis pensamientos divagaba entre pensamientos positivos de un cambio que sentía que necesitaba y el terror de estar dejando una buena vida "estable", de la que te dicen: vas por buen camino, te estás superando.

Pero en realidad no había pasado nada trascendente, aparte de tener dos dólares más en mis manos. Hoy, viendo en retrospectiva, sé que eran mis sueños de juventud que decían ¡Ey!

Ahora solo me preguntaba ¿qué era lo que realmente quería? Estaba pronta a cumplir 30 años, sin dejar de pensar y ahora ¿qué empezaré a hacer?

Bueno, ya había pasado mucho tiempo de aquí para allá, a donde te lleve la vida iremos, una vez más. -me dije, tratando de calmar mi mente.

¡Vamos para otro país! -Le dije a mi Amiga. En ese momento no sabía que la multinacional para la que trabajaba estaba siendo intervenida y mi amiga sería una desempleada también.

"Conspiración universal", le llamo yo ahora. Any me dice con actitud positiva: ¿qué haríamos?

Así como si fuéramos dos adolescentes, solo dije: ya aparecerá. ¡Lo sé! ¡Era una locura, pero sentía que necesitaba un cambio! Otra cosa en mi vida. Tal vez alejarme lo suficiente para que nadie dependiera de mí y yo solo dependiera de Él (Dios).

Me di cuenta de que pasaba mucho tiempo tratando de hacer la tarea del universo, según yo, ayudando a otros. Hoy sé que los "problemas traen consigo una solución, un cambio, algo que debe desatarse y que al interceder solo entorpecía el proceso de quien intentaba ayudar. Por fin entendí que todos siempre pueden con sus "cargas".

Hay muchos que saben hablar de un futuro mejor, pero pocos lo cristalizan. Dicen que hay un momento de la vida que perdemos el control y es ahí donde actúa el destino. Seas quien seas, o cualquiera que sea tu oficio, está en uno la capacidad de lograr todos los deseos de nuestra vida.

¡Ey! tú que lees estas líneas hoy, te pregunto: recuerdas realmente ¿cuál era tu sueño de juventud?

Bueno, alisté maletas y me vine al país donde vivo. Al llegar aquí era una sensación extraña; sabía que todo era nuevo para mí, pero a la vez todo se me hacía familiar. Era porque aquí estaba mi destino.

La verdad es que no tardó muchos días en pegarme la realidad en la cara, y empecé a recriminarme lo que había dejado. Hoy entiendo y valoro más que nunca, la importancia de un buen copiloto en la vida. En ese momento fue mi amiga, quien con su ejemplo me mostraba que sí se podía y así recordaba que no había un plan B.

Así que: "hágale pues mija".

Creo firmemente que todos los seres humanos somos maravillosos, pero debemos elegir cuidadosamente de con quien compartimos nuestro tiempo. Recuerda: terminamos pareciéndonos a las cinco personas con las que más compartimos.

Transcurrieron los meses y para ese momento habíamos comprado un vehículo cada una, se había acabado las madrugadas frías en la parada de bus, teníamos trabajos y horarios diferentes, nos habíamos rodeado de amigos con los que compartíamos como familia. Sí, habían sido unos cuantos meses muy agitados que se sentía como años.

Un día 7 del primer mes del año, nació esta hermosura que hoy les cuenta un capítulo de su historia. Una pareja de amigos con su hija, y nosotras tomaríamos un fin de semana fuera de la ciudad para celebrar.

Recibimos una llamada de una argentina que le faltaba una tuerca: "Hola, hay alguien que quiere conocer a Bella".

Mmm? ¿Quién? - Pregunté.

Ya le dije que andas fuera… -Me respondió.

(Ya les dije ella está loquita). ¡Dale! Cuando regrese hablamos… -eso fue todo lo que dije.

EL DESEO

Hay momentos mágicos en la vida y el que viví ese día en el muelle, viendo el atardecer, con un violinista. Yo solo me perdí en el momento y le pregunté a Dios: Bueno, y ¿ahora qué?

Escuché: ¿Qué quieres? Fue la respuesta a mi pregunta y yo dije: un hogar.

Ese ha sido mi deseo más sincero y desinteresado en mi vida. Dos días después me contacta Salomón. Él me quería conocer, ¿recuerdan?

Pasaron cuatro días más y no se daba el momento. El día trece de enero lo tuve menos de una hora frente a mí, charlamos como si nos hubiéramos conocido de siempre, (efectos químicos).

Me contó que llevaba tres años en el país, se había divorciado hacía dieciocho meses y que yo le agradaba mucho, pero quería ir despacio. Yo respondí la verdad. Yo no estaba interesada en conocer pretendientes. (¡Y míranos aquí! Lo que ha de ser, será).

Hablamos por dos horas, aproximadamente. Me dejó en mi casa con un hermoso arreglo de flores y se fue. Esa misma noche, Salomón, mi nuevo conocido, me llamó y me dijo: ¿te quieres casar conmigo?

El veintisiete de enero estábamos celebrando nuestra boda, junto a su mamá y algunos amigos del primer día del resto de nuestras vidas compartiendo nuestra vida juntos.

Momentos muy hermosos hemos compartido desde entonces. Ya serán cinco años. Sólo puedo decirles que no he tenido sufrimiento. Obviamente, en nuestras vidas hay altibajos, pero estamos juntos y enamorados por decisión desde el primer día que nos conocimos.

Porque ¿qué es más fuerte que una decisión y querer permanecer en ella?

Mi amado esposo un hombre lleno de amor, compasión, ternura y una cruda honestidad, sé que eres mi amor porque así lo hemos decidido cada día. Hoy vivo en una hermosa casa junto a nuestra hija de tres años, la madre de mi esposo y las mascotas. Con ellos siento que mi mejor oportunidad en la vida para dar todo lo que no tuve.

Ellos me han dado una base para esta receta maravillosa que es la vida. Hoy soy madre, tuve al mejor compañero de parto que pude haber deseado.

Me di cuenta de que a cada paso que daba solo me estaba abriendo el camino hacia lo que había añorado en ese muelle, viendo al infinito… Hoy digo: no te enfoques en lo que estás dejando atrás, porque eso te impedirá ver el futuro que te espera.

Yo, durante mi vida, he vivido en más de veinticinco casas. Por eso le doy tanto valor a tener una casa propia, donde sé que mi hija tendrá memorias de infancia.

Mi vida es más maravillosa desde que me concienticé de que no es lo que tienes, o lo que se te negó lo que te hace feliz. Es disfrutar este momento el aquí y el ahora. Soy parte del MEEL porque soy exitosa sin importar que aún haya muchas cosas que lograr. Haber desarrollado herramientas de mejoramiento de vida en un país donde aún no domino el idioma, me recordó que empezar desde cero, aun cuando no conocías a nadie, solo el amigo, siempre las circunstancias jugaran a tu favor, aun cuando en ese momento no parezca… Créeme, no pierdas la fe.

Nunca olvides que de la fuente menos esperada llegará la respuesta y que es deber para con uno mismo no dejar que la vida pase sin sentido.

Mónica Meza

Era un atardecer frío de invierno. Nos encontrábamos felices al ya estar celebrando en nuestra nueva casa, estábamos entusiasmados remodelando, reparando y decorando, el papá de mis hijos, mis pequeños y yo.

Me sentía tan plena disfrutando de nuestro hogar, gozábamos de una buena salud y de buen trabajo muy bien pagado. Teníamos energía, juventud, estabilidad y contenta al estar rodeada de mis familiares.

¿Qué más podía pedir a la vida? me decía, al mismo tiempo de sentir una sensación de entusiasmo que recorría todo mi ser. Literalmente hablando, todo lo veía color de rosa, siempre me sentí agradecida con Dios.

Por falta de experiencia e inmadurez a veces se toman malas decisiones y nosotros no fuimos la excepción, por una decisión de un miembro de la familia es afectada toda ella.

Pero eso no es todo, la vida me mostró la otra cara de la moneda y que aún había más por vivir y en este caso todo se tornó gris y difícil de vivir.

Por una decisión no acertada, como decían las frases de las abuelas, pagan justos por pecadores. Atando cabos de situaciones de lo que estaba pasando, comencé a vivir una pesadilla al descubrir que el papá de mis hijos tenía una adicción fuerte a las substancias.

Lo confronté y eso ocasionó su ira con ello enfrenté el maltrato físico y psicológico de su parte, a pesar de todo eso, trataba de ayudarlo sin saber cómo, pero con todo el corazón, intentando reconstruir mi hogar y al mismo tiempo veía cómo se desmoronaba y se me salía de las manos, experimentando los momentos más difíciles de mi existencia tocando fondo, sin poder dormir, sin poder comer, y haciendo lo mejor que podía en atender a mis hijos y a mi persona, tomé la decisión más crucial de mi vida.

La separación fue la crisis principal que me hizo sentir un cambio, me divorcié y comencé a experimentar retos, me sentí como si me hubiera divorciado de todo el mundo, las amistades se alejaban de mí, y una que otra persona ya me percibía como amenaza, y otras queriendo aprovecharse de la situación. Fue un divorcio doloroso entre manipulaciones y amenazas; empezando a enfrentar retos en mi nueva etapa como madre sola, luchando para seguir adelante con mis cinco hijos.

Emocionalmente sentí que no estaba bien, sentía que todo se me desmoronaba en pedazos, y al mismo tiempo, me inclinaba a recoger los pedazos rotos, no podía entender cómo me dolía el cambio y a la vez reconocer que era lo mejor, extrañando a mi agresor, y enfrentando ese apego a él. A pesar de todo, reconozco que me costó salir adelante viendo cómo él construía otra familia. Entre llantos, tristeza y pensamientos negativos, recurrí a Dios buscando PAZ, pidiéndole que me mostrara cómo salir del dolor y sufrimiento, con destellos de esperanza y una que otra chispa de ánimo. Meses después tuve un accidente de auto y quedé casi un año sin trabajar (perdí mi casa, mi matrimonio, mi puesto de trabajo, mi salud en ese tiempo) pero lo más importante lo tenía, que eran ¡mis hijos y mi vida!

Me recuperé y para no sentir dolor me mantuve ocupada para no pensar, ayudando a la comunidad, participando en obras de teatro, llevando a los deportes a mis hijos, trabajando para salir adelante, me ayudó el mantenerme ocupada, aunque era sólo un escape para no sentir, aunque me ocupé en cursos, clases, talleres, pero no me detuve a vivir mi proceso y eso conllevó a otra ruptura de pareja. ¡Obvio! La vida es muy sabia y te muestra y te vuelve a presentar la prueba cuantas veces las necesites hasta que la pases. ¡Sí, así es! A los meses volví a tener otro accidente de auto y ahí fue cuando la vida me sacudió. Tuve un fuerte golpe en la cabeza y el tampoco poder caminar con fuerte dolor, me enfrenté a estar en cama por mucho tiempo y sin trabajar, por ende se lastimó también mi economía y casi pierdo la casa, y es cuando tomando conciencia en ese preciso momento, vi que las cosas se me estaban repitiendo y entendí que las cosas que yo hacía y pensaba se habían convertido en el resultado de lo que yo era, y que al conectarme con mi alma, que es sabia, sabría cómo empezar de nuevo.

Agradecida a Dios por ese despertar, conllevando a seguir alimentando mi FE, y gradualmente fui recuperando la memoria.

Comencé a experimentar entusiasmo en seguir adelante, a pesar de la situación. Recuerdo que ya no me preocupé, sino que me ocupé, leyendo libros, tomando cursos, clases, ayunos, oración, la biblia, y por ende, se reforzó la FE en mí.

Ahora bien, la fe es la garantía de lo que se espera, la certeza de lo que no se ve.

Hebreos 11:1

Algo que recuerdo y que apliqué fue un día que me encontraba sola y en recuperación, sin poder mover absolutamente nada, de una pierna y la otra casi nada, en el intento de querer ir al baño y me caí, y esos segundos, me bombardearon pensamientos nefastos por mi cabeza, y al mismo tiempo, pensamientos de esperanza. Sin importar seguí arrastrándome al baño, en el trayecto yo solo decidí pensar entusiasmada en que muy pronto me vería caminando en las montañas y agradeciendo por eso. Suspirando y llena de ese deseo que aún no sucedía y con la esperanza de que sucediera. ¡Claro! No fue fácil, pero lo intenté una y otra vez. Comencé a cambiar pensamientos negativos y de tristeza por pensamientos positivos y de ánimo, cada vez que tenía una sensación o emoción mala, rápidamente la cambiaba por una positiva, por ejemplo, si me venían pensamientos de no caminar o quedarme coja. Yo los cambiaba rápidamente por agradecimiento y me repetía: "Gracias Dios por estar viva" y poco a poco, en su tiempo perfecto me sanó.

Sugerencias, hábitos y recomendaciones

A ti que estás pasando algo fuerte en base a mi experiencia te comparto lo que me funcionó a mí personalmente, si te sirve de algo.

Tal vez sea el proceso, experiencia, tiempo, pero un día entiendes que todo esto pasará y que siendo resiliente, enfrentando cada reto, cada dificultad o cada adversidad te traerá algo nuevo que descubrir de lo que ya Dios ha depositado en ti, y que a raíz de todo esto, tú puedes ser un milagro para alguien más en su existencia.

Refuerza tu FE

Fomenta el Entusiasmo en cada situación, si algo no funcionó o no salió como lo esperabas, analiza las causas e inténtalo con más fuerza, eres tú quién decides, eres tú quien decide si te quedas donde estás o sigues adelante.

Cada mañana agradecemos por un día más de vida, y tiene la oportunidad de cambiar lo que no te gusta y mejorar lo que se desea. Sabías que la palabra entusiasmo en su origen más remoto se encuentra en la lengua griega, que significa: "Dios dentro de mí". ¡Sí!, ¡Dios conmigo! Y es un ingrediente esencial que nunca debe faltar en tu vida. También el "NO TEMAS". Recuerdo cómo resonaba en mi cabeza, de hecho, aparece 365 veces en la biblia, un ¡NO TEMAS! Por todos los días del año. En mi era NO TEMAS que de la mano de Dios es más fácil enfrentar el problema.

No importa qué tan poco o pequeño sea lo que haces, hazlo con dedicación y pasión, si lo haces de todo corazón dejará huella, ¡será inolvidable!

Educa tus pensamientos, agradece por todo a nuestro creador, ama tu proceso, porque del peor momento que estás atravesando surgirá tu propósito y misión de vida (tu propósito es lo que viniste hacer aquí y la misión es lo que el creador te manda a hacer que cumplas, te asigna para su voluntad), anota ideas, metas y planea tu vida.

Al despertar

o Agradece y ora que son los minutos más preciados del día, porque te programas con agradecimientos y te cubres y conectas con oraciones que te abrirán el camino durante el día.

Hábitos

o Lectura – lee libros, toma cursos. Te ayudará a adquirir conocimiento al mismo tiempo te cultivas y te educas.

Establece una rutina de mínimo 15 minutos de lectura al día.

o Ejercicios – El movimiento es vida. El ir a caminar (por las montañas) correr o practicar algún deporte por las mañanas definitivamente te recarga para tener un día productivo.

o Escritura - Escribir y planear tu día o semana con anticipación es elemental para que tengas éxito en tu crecimiento personal y tu evolución.

o Respiración – El practicar la respiración ayudará a oxigenar el cerebro adecuadamente y reducirá el estrés. Practícala al despertar, al medio día y antes de irte a dormir.

o Hidratación. Hidrátate. Toma de preferencia ocho vasos de agua, lo cuál ayudará al buen funcionamiento de tu organismo, mantendrá tu cuerpo saludable y contribuirá a la oxigenación en el cerebro.

o Descanso: Es crucial para poder rendir y enfocar tu día. Disfrútalo porque al descansar el entusiasmo fluye al máximo, y si le añades un buen masaje tendrás un día relajado y restaurador.

o Ten un cuaderno de notas donde escribas tus agradecimientos y cómo te ves en los próximos dos años. Recuerda, aunque las cosas no estén marchando como te gustaría, trabaja en lo que esté al alcance de tus manos y lo demás entrégaselo al creador y sigue adelante. Cultiva tu FE y anota, aunque se te haga incómodo, al principio tal vez te cueste trabajo, pero persiste y hazlo cada mañana, léelo y si es necesario modifícalo y poco a poco lo sentirás, lo soñarás y lo verás ya como un hecho.

o Busca a Dios, lee la biblia, júntate con personas que ya saben o han tenido experiencias, para que te instruyan y te motiven a ser mejor.

Practica:

o El perdón, porque te libera.

o El agradecimiento, porque te mantendrá más humano.

o La disciplina, porque te ayudará a tener orden en tu vida.

o La sanación interior, porque te estabilizará y te mantendrá en balance.

O La Fe, para mí la defino:

F: Fortaleza y convicción

E: Entusiasmo y esperanza.

Practica el animarte que, aunque no fluya o no lo sientas, conforme transformas tus pensamientos negativos a positivos, por ende cambiará tu forma de ver la vida y con entusiasmo aprenderás que en cualquier situación que se te presente ya no la verás como la peor, sino que te ocuparás de las soluciones y no del problema, y lo tomarás con paz y templanza y aparecerá el balance en tu vida y es cuando te darás cuenta que valió la pena el cambio, porque te transformaste en una persona más fuerte y lista para poder apoyar y ayudar a otras.

Sigo preparándome, estoy en mi punto de partida, sé lo que quiero y lo que tengo que hacer, resumiendo este escrito, anotando, pensando, para concluir mientras manejaba y llovía. De nuevo me encontraba en un atardecer frío de invierno, enfocada todavía en el tema, me orillé y me estacioné. Abrí la ventana y sentí la brisa que rosaba mis mejillas húmedas que se mezclaban con mis lágrimas y las gotas de la lluvia y al mismo tiempo percibir el olor a tierra mojada. Entre sollozos y suspiros me daba cuenta de que algo moría dentro de mí y algo vivía, algo se iba, pero algo surgía y que gracias a lo vivido hoy soy la mujer que soy, mis sollozos se convirtieron en risas al darme cuenta de que valió la pena todo y volví a sentir esos espasmos de placer de esos momentos intensos que fluían dentro de mí.

Sigo preparándome, aprendiendo, estudiando, creciendo, trabajando en mi libro y consejería para ayudar al ser humano a vivir en plenitud, de sobrevivir a vivir saludablemente.

Por el momento estoy dando masajes y terapias, y eso me hace feliz. Disfruto del placer de ir a caminar al amanecer en las montañas, de practicar boxeo, ensayando la próxima obra de teatro que se estrenará muy pronto. Sigo aprendiendo guitarra y sigo disfrutando plenamente de mi familia.

Gracias por coincidir.

Hasta pronto, con amor de mi ser para ti. ♡

Vanessa Barreat

Siempre he sido una mujer valiente, que no tiene miedo. Todo lo que hacía; si me tocaba barrer piso, lavar baños, lavar platos, lo hacía bien.

Desde niña sabía que tenía que irme de mi casa, yo soy venezolana y soñaba con la virgen de Guadalupe, soñaba que iba a estar relacionada con México. En algún momento pensé que iba a vivir en México, pero no sabía la magnitud de lo que iba a suceder, no sabía cómo se iba a dar y se lo dije a mi mamá, siendo una niña, que yo me iba a ir.

En ese momento creo que ella pensaba que era un juego, cosas de una niña tonta. Le pedí que me ayudara, que me quería ir.

Se me presentó la oportunidad de llegar aquí, a los Estados Unidos. Los retos más importantes fueron el idioma y el estar sola. Llegué a un lugar donde había gente, había como 4 o 5 carros y ninguna de esas personas me dijo: Yo te lo presto para que saques tu licencia. Yo necesitaba sacar mi licencia y comprar mi carro, pero para poder comprar mi carro necesitaba sacar la licencia y a mí no me prestaban uno.

En esa casa no duré más de tres meses. Al tercer mes ya estaba rentando mi propio apartamento. En mi primer mes había sacado mi licencia, renté un carro con la ayuda de mi mamá, y en ese carro rentado fui a sacar mi licencia habiendo 5 carros parqueados en la casa de mis familiares.

Eso no me detuvo y gracias a eso en menos de tres meses yo tenía mi propio apartamento. Tal vez si ellos me hubieran apoyado me hubiese quedado en la zona de confort, donde dices: de aquí no me muevo porque tengo todo aquí, ni pasar trabajos ni nada.

En mi caso fue todo lo contrario. Mi mamá estaba enferma con problemas cardiacos. Lo primero que hicieron fue ponerle un marcapasos, mi mamá deja de trabajar, mi hermano estaba estudiando y yo sin tener nada, me tocó empezar a ayudar a mi familia, pero eso gracias a Dios me va bien.

Me acuerdo de que no tenía cómo y tenía que enviarle dinero. Ella me había regalado un anillo de quince años y ese anillo lo fui a empeñar, lo empeñé, pero dije: tengo que regresar, porque para mí era muy importante y esa semana llegaba nada más a comer pan, bolillos con un café, eso era lo único que comía, pero pude ayudarle, pude recuperar mi anillo y de ahí para adelante fue prueba tras prueba, golpe tras golpe y no fue fácil.

Pasando eso me hice más fuerte, le pude ayudar a ella, empecé a tener una estabilidad económica, fui fuerte porque nunca pensé que estando aquí ellos iban a necesitarme. Me dije a mí misma: ¡Debo ser fuerte!

Fue un tiempo corto, pero difícil. Logré a salir adelante y le conté después, cuando venía a visitarme.

Después de eso me hice más independiente. Aunque vivía en Austin, me sentía en un círculo vicioso porque había familia, sentía que seguía en Venezuela. En una oportunidad mi mamá vino a visitarme y le dije: Mamá, te voy a invitar este fin de semana a pasear a Las Vegas.

Era el primer gusto que le daba a mi madre. Fueron cuatro días y tres noches que nos vinimos a las Vegas. Nos quedamos en un casino, algo espectacular y le dije a mi mamá: ¡Vamos a disfrutar!

Fue bonito y muy gratificante poder devolverle un poco de tanto que hizo por nosotros. Cuando estábamos en los tours que ofrecen cuando vienes a La Vegas, nos dimos cuenta de que aquí había mucho trabajo. Donde buscaras trabajo te iban a contratar. Me fui con esa idea de regreso a Texas y planifiqué todo para mudarme a las Vegas, y le dije a mi mamá: ¡Me mudo a las Vegas! - Me dijo: ¡Estás loca! No conoces a nadie. - No me importa, me voy a las Vegas, me mudo, quiero estar allá, siento que allá hay algo para mí. -Le dije.

Organicé todo, renté un camión y monté mi carro atrás. Le dije: ¡me voy! Y me dijo mi mama: te acompaño. ¿Cómo te vas a ir sola manejando? Vas a durar día y medio manejando, no me voy a Venezuela hasta que te mudes, cuando te vea establecida me regreso.

Agarré mi copiloto, agarré mi viaje para las Vegas, en el camino había un motel casino, y ahí nos quedamos. Nos hospedamos para descansar esa noche, me paré temprano en la mañana del lunes, despegué mi carro y el tráiler y nos fuimos.

La ciudad me quedaba como a 40 minutos. Me fui a rentar mi apartamento y traigo el camión, cuando llego a la oficina de los apartamentos la mánager me dice necesito tú ID de Nevada, no te puedo rentar el apartamento con el ID de Texas.

El DMV más cercano estaba justo en a la esquina. Fui y mi mayor sorpresa fue que cuando entré a las oficinas la gente estaba aglomerada en los monitores. Resulta que yo llegué a las Vegas un domingo y el lunes pasó lo de las Torres Gemelas. ¡Se muere las Vegas! No había trabajo. Pasé tres meses sin trabajar. Yo tenía dinero ahorrado, tres meses pagando apartamento, carro, aseguranza, tenía una moto de carreras y pagar la aseguranza de la moto, mis facturas, mis tarjetas de crédito, me hacía sentir que me estaba llegando el agua al cuello.

Nadie estaba contratando, sacaron muchísima gente de los casinos, nunca me imaginé que iba a pasar, mi mamá nada más veía hasta dónde iba a llegar, viendo que yo no hallaba trabajo en ningún lado porque no había, me dijo: ¿por qué no nos regresamos para Austin o nos regresamos para Venezuela? Y le dije que no. Yo disimulando, le dije: Mami, yo estoy bien.

Estuve buscando trabajo en casinos, restaurantes de comidas rápidas, en Mc Donald´s, en Taco Bell, en lo que fuera. Hasta fui a aplicar para tirar periódico y tampoco recibían. Y mi mamá viendo hasta dónde iba a aguantar, me dice: ¿qué estás esperando? ¡Vámonos! - Yo le dije: No, yo no regreso con las tablas en la cabeza, ni a Austin ni mucho menos a Venezuela. Y mi mamá me insistía: Vanessa, ¿no estás viendo cómo están las cosas?

Ya no tenía dinero. Recuerdo que esa última semana que ya se me juntaban los tres meses, yo iba con las facturas, pero yo no tenía nada en la cuenta, porque yo cuidaba mucho mi crédito. Fui a pedir en esas casas de préstamo de dinero y me lo dieron, pero era porque mi mamá estaba en la casa y yo no tenía nada que darle de comer.

Tenía que disimular que todo estaba bien, y en ese momento pensaba: Dios mío, ¡ayúdame! No quiero regresar. Recuerdo que fui a un Taco Bell cerca al apartamento y me encuentro a la mánager de zona, y me preguntó si hablaba inglés y le dije que sí. Me dijo: Aquí no necesitan, pero si te vas a esta otra tienda si, di que vas de parte mía y te van a dar trabajo.

Yo nunca en mi vida había trabajado en un restaurante de comidas rápidas. Llego allá y me estaba esperando la mánager. Me dijo que le acaba de llamar Sofía y me dice que estás buscando trabajo y hablas inglés. Le dije: me defiendo y me contrató. Pero con eso no iba a pagar todas las deudas que tenía. En esa misma semana conseguí entrar a un Papa Johns a llevar pizzas. A Taco Bell entraba de 7 de la mañana a 3 de la tarde y a las 3:30 me iba la Papa Johns de enfrente a llevar pizza hasta las 12 de la noche, que cerraban.

Pero todavía estos dos trabajos no me daban para yo salir del problema. Entonces me llamó el mánager y yo le dije que me gustaba hacer eso del periódico y me dijo que me presentara a las 2 de la mañana para entregarme una ruta.

Cuando llegué de repartir pizza se me ocurrió acostarme 30 minutos y me quedé dormida. Me llamaron a las 3 de la mañana, me desperté y me dice: Vas a querer la ruta ¿sí o no? Y le dije que sí.

Enseguida llego y me voy con mi mamá y agarré la ruta. En ese entonces yo tenía tres trabajos y dormía una o dos horas diarias. Mi mamá estuvo conmigo en septiembre, octubre, noviembre, y ya en diciembre tenia los tres trabajos.

En enero la mánager de Taco Bell habla conmigo y me ofreció que fuera su mánager. Me dijo para entrar necesitaba dejar uno de los trabajos, pero ella quería que yo dejara el trabajo de las pizzas. Para mí era más seguro no dejar el periódico, entonces escojo el trabajo de las pizzas y no más me quedo con el trabajo de Taco Bell donde me hicieron manager, pero seguí entregando periódicos en la madrugada y ahí comienza otra parte de la historia.

Siendo mánager de esa tienda, mi mamá me dice que ya me ve estable y se regresa a Venezuela. Estuvo pendiente si me rendía o no. Me dijo varias veces que nos fuéramos y le dije que no.

Conocí a Raúl mi esposo en el periódico en ese año. Cuando llegó yo le decía muñequito de caucho. Andaba peinadito y yo le decía: tan peinado para tirar periódicos y ahí empezó la historia. Fue cuando nos conocimos, quedo embarazada y perdí la niña. Era mi primer embarazo, eso me afectó muchísimo. Estábamos recién comenzando, empezamos a vivir juntos y cuando pasó lo de la niña nos separamos, tanto fue así que yo decidí irme para Venezuela, eso fue un trauma para mí, mi primer bebe lo pierdo Raúl me deja, estaba desecho porque había perdido a su primer hijo yo dije no hay nada qué hacer yo había perdido las ganas de todo, ya no quería hacer nada me acuerdo que hice las cosas bien pagué mis viles me quedaban días nada más había anunciado que me retiraba del periódico, ya no llevaba más periódico nada más estaba esperando que alguien llegara y me relevara de mi cargo de manager en el Taco Bell, estaba decidida a irme fue cuando un día, recogiendo las servilletas y lo que estaba sucio afuera una mañana antes de abrir se me acerca un hombre y me llama por mi nombre me dice Vanessa y claro yo barriendo ese parking con mis lágrimas estaba desecha porque había perdido todo y se acerca ese hombre y me llama por mi nombre: Vanessa -me dice- no llores más. Tú vas a ser bendecida con otra familia- y así pasó, fui bendecida con mi familia. Volví con Raúl y ahora ambos tenemos dos hermosos hijos además de un próspero negocio que les cuento en mi libro "La Vecindad, un Sueño Hecho Realidad"

Una mujer tienen que ser fuerte tiene que ser echada pa´lante que hacer de tripas corazón uno no es débil es fuerte, si no pueden salir adelante busquen ayuda, todo está en uno, está en que reconozcas que necesitas ayuda, reconozcas que no estas bien, que veas qué es lo que está mal y comiences a trabajar en ti misma, ése sería el gran secreto trabajar en ti, cuando yo estaba más chamita me consideraba el patito feo, pero cuando yo aprendí a quererme a mí misma y a valorarme a mí misma la magia empezó a suceder porque me sentí chingona, créetela y crea, somos inspiración y a veces creemos que nos ha llegada la pegada pero hay gente peor que uno y pensamos que nos estamos ahogando en un vaso de agua y resulta que no.

Jovanna Ortíz

'La felicidad no es algo que venga prefabricado, viene de tus propias acciones' (Dalai Lama)

De niña siempre tuve muchos sueños, desde que me acuerdo soñaba muy en grande, en mi casa era una familia disfuncional, con muchos problemas. Yo era la más pequeña de 5 hermanos.

Lo normal es que los papás te manden a la escuela y te dan lo necesario, pero hubo mucha carencia de amor, de mucho amor, y mucho pleito, muchos problemas, muchas discusiones.

Mis hermanos más grandes trabajaban ya cada quién en sus cosas, nosotros éramos los menores de la familia y a los que siempre nos trataban mal los demás hermanos y por eso lloro porque ellos nos debían de haber cuidado, en cambio, nos maltrataban y hubo mucho sufrimiento y más porque tengo un hermano que estaba en las drogas y él era el más abusivo con nosotros, físicamente nos pegaba y pues yo ahorita me doy cuenta ¿dónde estaba mi mamá? que no se percató de eso, pero de ahí a pesar de eso de que había tanto problema yo siento que me refugiaba mucho en los estudios y en querer salir adelante, para mí ya era algo normal vivir esa vida de mucho miedo, pero yo creo que cuando íbamos a la escuela era como también un refugio, disfrutaba no estar en la casa.

Yo siempre fui inteligente no me afecto mucho esa vida en lo académico, entonces yo siempre estudiando, sacando las mejores calificaciones, me centré en estudiar y llegar a lo más alto, yo siempre de chiquita decía que iba a estudiar, voy a estudiar, yo si voy a ir a la universidad y llegué a ella, fue mi decisión que no quise terminar, yo entré para estudiar administración de empresas, porque siempre me gustaron las empresas, los negocios, a pesar de que también reprobé un año en la prepa, poque no pasé un examen y por eso no me dieron el certificado, pero yo ya había ido a aplicar a la universidad y ya había pasado yo el examen de esos que te ponen de los de inicio de que ya quedaste, pero y no allá en la universidad de Hermosillo, tenía una materia reprobada y por esa materia reprobada en la prepa no me pasaron, unos de los requisitos que tiene era llevar el certificado para que me inscribieran, sí pase el examen y sí quedé pero no me pudieron inscribir.

Entonces allí fue cuando empecé a venirme para acá para las Vegas, conocí a mi esposo, según yo, en mis pensamientos, era no más venir de turista a pasear, no más yo decía "yo soy de allá y allá me voy a quedar y allá voy a estudiar "y pues no fue así.

Yo seguía estudiando y estaba de novia con el que se convirtió en mi marido. Ya hice mis cuatro semestres acá en la universidad y él me propuso matrimonio y, después de hacer un balance, le dije que sí.

Al principio era ama de casa, no tenía la niña todavía, pero yo como cualquier otra persona que viene aquí a los Estados Unidos, lo primero que piensa es en buscar un trabajo porque nos han metido en la cabeza que con el trabajo vas a salir adelante, entonces ya cuando fui viendo todo cómo se movía vi todo, vi más allá, no me gustó, ahorita si, antes de casarme estaba trabajando en mercados del pueblo de cajera y me pagaban como de 6 a 7 la hora, pues yo estaba muy contenta era cajera agarraba mis 20 dólares semanalmente, para mí eso estaba bien, yo no más lo iba guardando, no tenía ninguna visión de emprendimiento en ese momento, si todo el dinero no más que yo agarraba era para ir al mall comprar una blusita y ahorrar, era bien ahorrativa, mi esposo pagaba todo los víveres .

Él siempre pagaba todo (la despensa, por ejemplo) y todo o será que cuando me casé con mi esposo empezamos a vivir con dos amigos de él y como se dividía todo cabía más dinero para irnos de compras a pasear y de ir a comer a los restaurantes todo eso, hasta que un día me faltaron 10 dólares de la caja del lugar donde trabajaba y la la supervisora me corrió del mercado me di cuenta que no podía seguir trabajando para alguien más, Yo me sentí mal porque no era motivo de correrme porque yo en México trabaje también "en ley" y allá te faltaba dinero y allá no te corrían solo te lo quitaban y aquí ellas pensaron que yo me lo había robado, lloré amargamente me pidieron que saliera y que firmara la renuncia y que si no, le iban a hablar a la policía, firmé la renuncia, y salí de ahí completamente deprimida.

Fue ahí cuando pensé en emprender. Uno se pone a sentirse mal ¡¡¡hay me corrieron!!! ¡¡¡hay mi trabajito!!!, ¡¡¡ya lo perdí!!!, yo quería seguir trabajando, mi dinerito, aunque fuera poquito ahí estaba segurito, pero después fui a una compañía de donde trabaja mi esposo, fue solamente porque me gusta buscar, entonces dije voy ir a buscar a ver si me dan de secretaria ahí en la compañía y me dijeron sí, me dieron el trabajo y me pusieron ahí en las computadoras dentro de la compañía, a 11 la hora me pagaban y yo contenta trabajé como tres semanas ahí, eso fue como a los tres meses de que me había corrido, pero ya después fue cuando fue la crisis en el 2008 y ellos dicen que porque no tenía papeles me tenían que descartar, pero yo digo que no fue eso porque estaban recortando gente, algo entonces me dieron de baja y otra vez me sentía así como mal.

Ya pasaron otros tres meses ya estaba embarazada de la niña, me invitan a una clase de cuidado de la piel de Mary Kay y la persona le compro manos de seda y luego me da la oportunidad de Mary Kay y yo acepto, en ése tiempo le cuidaba los niños a mi hermana en su casa, me daba 120 y después le dije que no se los iba a cuidar y del último pago que me iba a dar de cuidar a los niños, lo agarre para comprar mi maletín, invertir y de ahí ya dejé de cuidar a los niños mejor me pongo a hacer algo en vez de estar aquí encerrada y de ahí fue que empecé lo de Mary Kay de que me ofrecieron la oportunidad la carrera y se me hizo muy buena la oportunidad.

Me sentí muy bien porque ya ganaba mi propio dinero, me acuerdo que, mi hermano se iba a casar en ese tiempo y mi esposo ya le había dicho que le iba a dar 500 dólares para ayudarle ahí México, entonces mi esposo no sé porque se enojó, pero ya dijo que no le iba a dar y mi hermano ya estaba contando con ese dinero y no más preguntaba cuándo, cuándo me lo va a mandar, yo me acuerdo de lo que vendía, me acuerdo de que todo eso lo fui agarrando de lo que me pagaban de Mary Kay los 500 dólares y se los mandé ahí me di cuenta que yo podía ser capaz de lograr todo lo que quisiera.

A mí desde chiquita siempre me han gustado las ventas: en la preparatoria yo me acuerdo, bueno cuando estaba más chica, en la adolescencia, siempre ponía letreros de "se vende fresas con crema o duros con verduras" pero mi mamá siempre ha sido como muy penosa, decía "hay qué vergüenza andar vendiendo, qué van a decir quite ese letrero".

Un amigo una vez en la prepa en el segundo semestre me da una cajita de mazapanes y me la llena de cosas y me dice que vaya y que la venda y pues ya se vendieron todos los dulces y le traje el dinero y se lo di y me dice y tu porque no compras tus propios dulces, pues está bien y ya de ahí fui a invertí a los dulcería y llevaba en la preparatoria tenía como 16 años, llevaba mi mochila llena de dulces y ahí todos comiendo y la maestra me decía ya cierra el mercado ..., pero a mí no me daba vergüenza, me agarraba mis 100 pesos, 150 los cogía y surtía invertía otros 30 y sacaba 100 y mi mamá me decía porque andaba haciendo que van a pensar mis amigas que van a pensar que no tenemos dinero, ella muy vergonzosa era, pero yo no le hacía caso, nunca le hice caso de eso.

Mi mejor cualidad es la perseverancia, decidí seguir el plan de la compañía, más la capacitación que yo elegí tomar por mi cuenta con mi Mentora Patricia Hernández Carrillo, creo que ahí se me hizo más fácil el directorado.

Yo iba y entregaba mis tarjetas, sabía que cuando iba a ir a encontrarme con muchos no, gracias a esos no, iban a venir los sí, que iban a hacer parte de mi equipo, como le estoy haciendo otra vez, entre más no, me digan, tengo que llenar mi saco rojo para que me suba al directorado me lo tengo que llenar de muchos no, sé que no lo voy a lograr sola por mis propios medios, mi propio esfuerzo si´s y no´s en la bolsa.

Yo daba todo, le ponía todo mi esfuerzo, me salía cambiada y todo y me iba y contactaba. Algunas personas que querían hacer el negocio y veían como andaba yo y la llevaba a prospectar, juntas conocimos gente y así hacíamos ventas y formamos un equipo con el cual gané el directorado.

Cuando gano el directorado me puse muy feliz, muy contenta, pero en eso se vino lo de la pandemia.

Antes de eso, me gané un viaje a las Bahamas. La compañía puso un reto que solo a las directoras antes les daban los viajes y es la única vez que le han dado la oportunidad a las consultoras, debes ser directora para que te ganes un viaje, ese no más era para todas en general consultoras y directoras no han hecho otro reto así para que ganen las consultoras.

Fue en el 2019 que me gané el viaje a las Bahamas no pude ir, pero me dieron los 1.500 dólares en efectivo.

Después me fui a Orlando Florida donde disfrute de el parque Estudios Universales, también era un reto, todas las directoras nuevas porque hubo directoras que no se ganaron este viaje, solo eran las directoras nuevas y hacer un reto también para entrar a los Estudios Universales y de 5 de la tarde a 10 de la noche cerraron todo el parque solamente para nosotros los de Mary Kay, iban sacando toda la gente la tuvieron que sacar y nosotros íbamos entrando y ahí tengo una foto que quedó que toda la gente va para afuera y nosotros vamos entrando, era la primera vez que iba a los Estudios Universales y así no más nosotros no había fila podíamos comer lo que quisieras, los restaurantes que toda la comida que quisiéramos comer nieves, de todo para nosotros comida y juegos gratis

Como consejo, creo que uno siempre tiene que ser independiente, a pesar de que uno tenga nuestro esposo nuestro marido. uno siempre tiene que ser independiente, aprender a hacer algo, yo siempre he querido, porque muchas veces me han criticado a mí la gente amistades, que andas mucho en Mary Kay que esto y que lo otro, entonces me ven como algo malo el querer yo sobre salir, pero yo siempre les digo a las personas qué pasaría si el día de mañana a tu esposo le pasa algo o muere o pierde el trabajo, entonces tu qué vas a hacer.

Ahorita en caso de que mi esposo falte, estoy en esa seguridad de que, si mi esposo pierde el trabajo o que, si lo descartan, yo no voy a sentarme ahí, yo ya sé hacer algo y con eso podemos salir adelante

A las mujeres les diría que no dejen de soñar, que sueñen lo más grande que puedan y que no tengan miedo de hacer algo diferente de lo que sea que estén haciendo que en cualquier emprendimiento que tengan que le echen todas las ganas y que sí se puede y que eso nos da seguridad y que no tengamos miedo a arriesgarnos porque yo soy de esas personas bien arriesgadas que me arriesgo a hacer cosas, aún a pesar de lo que diga la gente la sociedad no me importa, no me interesa el qué dirán no me va a mantener ni me va a dar para irme a comer a un buen restaurante, no me va a dar para ir a comprar algo de ropa bonita.

No hay que no más estar esperanzadas a lo que el esposo te pueda dar no más, por ejemplo, que, si quieras comprarte algo, y te digan no, no se puede. Que sí se puede, lo puedes lograr. Un consejo es posicionarse en regular sus finanzas.

En esta compañía que estoy que es Mary Kay es una oportunidad para las personas que quieran soñar que tengan sueños, no importa la edad que tengan, no importa si tienes 18, si tienes 40, 60 o 70 años aquí todas las edades son bienvenidas, aquí todas las profesiones también son bienvenidas y puedes crecer ampliamente no solamente en las ventas como lo estoy haciendo yo que es una carrera ejecutiva donde los sueños tú puedes alcanzar lo que quieras en esta compañía.

Me encanta esta compañía porque lo que más me gusta es que el plan de retiro que tiene Mary Kay me encanta, los cheques de comisión y los carros que tiene y más que nada llegar a la posición, mi meta es llegar al directorado nacional y cuando ya son nacionales pues ya tienes un retiro un retiro para toda la vida Mary Kay.

Por último quiero decirles a los lectores que, no se cansen de soñar, que perseveren, todo se puede lograr, aun en medio de la pandemia yo estoy viendo resultados muy grandes que ni siquiera en otros años anteriores había visto, en una pandemia en una crisis donde dicen que todo está caro, estoy viendo cómo rápido estoy volviendo a lograr mis metas que había pospuesto en estar, ahorita empecé en octubre en los últimos de octubre como el 25 y ahora disfruto de ser directora de Mary Kay, ya tengo mis chicas activas y pues estoy bien contenta y bien feliz.

Mi logro como directora de Mary Kay ha sido un éxito y ahora mi meta es posicionarme en el nacional y entre los secretos que llevaran hacer que llegue al nacional han sido la perseverancia, seguir un plan, el capacitarse, el ser disciplinada, el mantenerse en el enfoque adecuado para así lograr que mi posición este en el lugar correcto.

Y a mis próximas integrantes de equipo les diría que pueden ser parte de mi equipo, estamos formando aquí en las Vegas un bum va a haber una revolución porque vamos a estar viendo esas calles de carros rosados, las Vegas se va a vestir de rosa porque vamos a ver carros rosados por donde sea y mis directoras y mis líderes me están ayudando, y mi equipo, todos estamos trabajando en equipo, aquí nadie trabaja solo, en equipo y es lo que nos está ayudando a irnos para arriba, también a la capacitación de mi Mentora Patricia Hernández que también a ustedes les digo que no tienen nada que perder hay que arriesgar para hay que arriesgarnos no hay que tener miedo y que sí lo vamos a lograr y que lo estamos logrando el nacional y vamos a seguir aquí haciendo la diferencia aquí en las Vegas.

Jovana Ortiz

Teléfono 702 980 3533

Tere S Alejandre

Reconocer tu potencial desde tu vagina

La Tere Alejandre de hace más de 20 años era una mujer que se quejaba por todo, culpaba siempre las situaciones externas, lo que estaba pasando a su alrededor era el responsable de su vida llena de problemas; el trabajo, la falta de dinero y las responsabilidades del hogar eran su mejor excusa para no tener el control de su vida, vivía en automático, así como cuando vas por la calle pensando en millones de cosas a la vez, llegas a tu destino, regresas a ti y te preguntas ¿cómo es que llegué hasta aquí?.

Pasaron los años e hice lo que esta sociedad dicta que se tiene que hacer. Una mujer después de estudiar y trabajar unos años. "Di el sí" como dicen en México, mi país natal. Sí, me casé, el mundo se paralizó y solo tenía el hogar como mi mundo. Pasó el tiempo tan deprisa, ya tenía dos hijos cuando la familia necesitaba también de mi aportación. Tenía un turno completo por lo que cuidar el mayor tiempo posible a mis hijos ya era casi imposible, acepté la ayuda de varias personas. Me veía todos los días dejándolos al cuidado de diferentes personas y pasando por ellos por la noche para vivir la tan esperada rutina, llevarlos a la cama y con suerte dormirlos rápidamente para después continuar con mis tareas hogareñas. No quería hacer nada diferente, seguía pensando que la persona frente a mí era responsable de que yo me sintiera plena, por ejemplo, mi marido, para mí era la única persona responsable de mi placer, como nos lo han contado desde la adolescencia el tema de la sexualidad, era la que dictaba el grado de placer de nosotras las mujeres. Durante nuestro noviazgo todo era perfecto, como ya es sabido, mientras se está enamorada la persona en cuestión es el centro de nuestro universo y nos segamos a lo que no nos funciona. La persona con la que nos casamos suele no ser igual que como lo era los primeros años de relación. La anorgasmia era parte de mi vida diaria y yo no lo sabía. Tampoco sabía que la disfunción sexual femenina, es decir, no llegar a tener el orgasmo durante el coito sexual, era tan común en la sociedad hispana.

¿Cómo recobrar ese gozo en mi cuerpo por mí misma?

En ese tiempo, para agregarle más a mi lista de tareas y sentirme la más brillante salvadora de la humanidad y distraerme de mi propia vida, era voluntaria. El estar como voluntaria me saciaba la necesidad de verme a mí misma. Veía a todos los demás, ayudaba a mejorar la vida de todos los que me pedían ayuda, pero nunca de la mía. Hasta que un día tuve una confrontación con mi hijo, me di cuenta de que estaba viendo más por los demás, que estaba dándole atención a todo el mundo menos a mí, a mis hijos y mi vida. Ese vacío que percibía de mi se hizo más grande y tomé acción, lo primero que decidí fue quedarme un poco más en casa y a prepararme más para la etapa que estaba pasando como madre. Después de Parent Project y varios diplomados más, apliqué las herramientas, me funcionaron y fui consciente que no había observado la magnífica familia que tenía.

Al enamorarme de toda esta información me empujé a mí misma a dar clases de lo que me estaba funcionando al cambiar mis creencias. Me certifiqué en Master Coaching de Negocios y después como Facilitadora de Método Integra.

El primer reto que enfrenté fue la decisión del cambio personal, antes de querer cambiar a mi familia o a cualquier otra persona que no fuera yo. Al estar tan acostumbrada a la queja, la mente siempre quiere llevarte al pasado, tenía que ser tan honesta conmigo misma para no caer en los antiguos hábitos de culpabilidad y abandono de mi vida.

Segundo, llegar a la claridad de esa búsqueda interna, de poner en primer lugar a mi familia o a mí misma.

Tercero la coherencia entre lo que yo enseñaba y lo que yo era. En la sociedad en la que viví de pequeña, no dejaban de recordarme lo "buena" que tenía que ser para todos, para Dios, para mis padres, para los maestros, para la familia. Vas caminando por el mundo tratando de ser buena para todos los demás que era fácilmente olvidarme de mi. Esa claridad al saber que, si yo estoy bien, todo a mi alrededor estará bien, me llevó a ser más consciente de lo que yo merecía.

Cuarto, cuando empecé a cambiar comenzaron a alejarse muchas personas muy queridas de mí, tuve que aceptar la salida de muchas personas de mi mundo. Si tienes la fortuna de haber elegido a una familia a la que le agrade tu potencia y genialidad única, déjame decirte que creciste en el cielo. Para la mayoría de nosotros el camino fue arduo, elegimos generalmente familia que nos "protegen" queriendo cambiar todo de nosotros, hasta nuestra esencia. Así que vamos después eligiendo amigos y colegas similares a nuestro primer núcleo que cuando nos ven crecer y ser feliz con métodos ajenos a su método cotidiano, ellos lo ven peligroso y tratan de jalarte a la vida anterior que son un tope para ti y tu versión grandiosa del futuro.

Por último, me di cuenta de mi anorgasmia y todos los cursos a mi alrededor funcionaban, pero no en todas las personas. Tuve que abrir mi perspectiva para encontrar lo que a mí me funcionaba. Como mujer puedo tener a un ser dentro de mi vientre, nutrirlo y resguardarlo, pero no solo eso nos mide nuestro valor. Como mujeres, nadie nos recuerda la dimensión enorme llena de posibilidades de nuestra sexualidad, no por nada somos poliorgásmicas.

Con todos estos puntos en mi contra, me embarque en el camino del conocimiento propio y en el acompañamiento de mujeres que estaban pasando por lo mismo para que juntas reclamáramos lo que solo y únicamente es para nosotras, nuestro propio poder. Si tu sigues teniendo los mismos miedos, traumas, hábitos, arrastrándolos desde generaciones anteriores, tu ADN todavía los tiene, yo te ayudo a liberar estas cargas para recuperar tu placer. Te acompaño en el camino del reconocimiento de tu ser creador. Ofrezco el reconocimiento de tu potencial. ¿Qué es potencial? Es eso que está dentro de nosotros esperando a ser encontrado, son nuestros dones y talentos que están esperándote para la creación de tu propia felicidad, de tu propio dinero, de tu propia belleza, de tu propio placer, todo esto desde la vagina, la parte del cuerpo de la mujer portadora de más juicios, expectativas y mal información como nunca antes y no olvidando mencionar, sin la necesidad de un hombre o penetración alguna.

Empecé día a día, momento a momento, a elegir estas 5 cosas que te enseño en mis cursos para producir el cambio que experimento día a día.

1. Tomar acción por lo menos 3 días seguidos para empezar.

2. Estar presente por unos minutos y ser honesto al reconocer quién estas siendo. Respirar y preguntarme ¿quién estoy siendo en este momento presente? porque la primera forma de perder el poder es no estar presente.

3. Utilizar la gratitud como herramienta para reconocerte y reconocer tu cuerpo al tocarlo, al verlo, al olerlo, al cuidarlo.

4. Tomé como regla el sólo por hoy no grito, hoy no reniego, hoy no me enojo

5. Reconocí que mi cuerpo era parte de mí, que había una manera de tener esa electricidad, esa alegría en mi cuerpo como cuando era joven. Hay muchas maneras de tener el placer que nuestra generación sólo conoce en los órganos sexuales.

Entonces empecé a tocar mi cuerpo de una manera diferente, cómo acariciarlo y preguntarle ¿qué es lo que requiere de mí? Estar en contacto con él, sin juicios y sin conclusiones. Estar ahí para mi cuerpo siempre antes de cualquier cosa. Empecé a valorarlo y tocar todas sus partes ya que todos los cuerpos son diferentes, cada cuerpo tiene una zona más erótica que otras. ¡Para un cuerpo el brazo, la espalda o los pies pueden ser la zonas más sensibles y productoras de placer! Pero eso no nos lo enseña nadie, no nos enseñan que nuestro cuerpo es un cúmulo de células con consciencia que está ahí para apoyarte en cualquiera de tus sueños, en cualquier placer que quisieras experimentar, está ahí para ti en cualquier sueño que quieras lograr, lo único necesario es que lo veas y lo prendas. Es para tu cuerpo todo lo que eliges en esta 3era dimensión ¿cómo no habrá de estar contigo si tu cuerpo vive para el placer? Es necesario recordar que no existe el satisfacer a los demás ni que los demás sean los responsables del tuyo. Sólo tú eres responsable de tu propio placer, no puedes esperar a que alguien más se encargue de ello.

¿Tú sin este cuerpo, quién eres en esta realidad? Tal vez todos nos tendríamos que hacer esa pregunta si estamos buscando cambio permanente. Es tu cuerpo ese amigo incondicional que estas buscando y entre más placer experimente, más placeres creas en tu vida, los orgasmos también pueden producirse al comer un platillo exquisito, al abrazar, al caminar, al tocar la tela más suave que jamás hayas tocado, al ver una pieza de arte que prenda tu cuerpo, al tomar una copa de vino o el agua que tienes en el vaso de siempre.

Tere S Alejandre

Gmail

emprendedoraenaccion@gmail.com

@teresalejandre

Tere S Alejandre

Tere S Alejandre

Club Meel Studio
Mujeres Emprendedoras y Exitosas Latinas

theimagilab.com

Made in the USA
Columbia, SC
29 June 2024